그림자 정원

그림자 정원

초판 1쇄 인쇄 | 2024년 12월 27일
지은이 | 이정희
펴낸이 | 이재욱(필명:이승훈)
펴낸곳 | 해드림출판사
주   소 | 서울 영등포구 경인로82길 3-4(문래동1가 39)
　　　　센터플러스빌딩 1004호(우편07371)
전 화 | 02-2612-5552
팩 스 | 02-2688-5568
E-mail | jlee5059@hanmail.net

등록번호　제2013-000076
등록일자　2008년 9월 29일

ISBN 979-11-5634-606-7

* 이 책은 전라남도와 전라남도문화재단의 지원을 받아 발간하였습니다.

이정희 수필집

그림자 정원

☀︎ 해드림출판사

서문

이 책을 내면서, 비밀 일기장을 보이는 것 같아 민망하기도 하고, 한편 후련하기도 하다.

글을 쓴 지 15년이 됐다. 처음에는 마음 가는 대로 쓰니 글이 쉬웠다. 그러나 글을 쓰면 쓸수록 점점 글쓰기가 더 어렵고 두려워진다.

책을 내라는 주변의 권유에도 내 글은 아직 부족하기에 마음이 가지 않았다. 아직까지도 글은 어떻게 쓰는 것인지 어렵다.

하지만, 박광영 사무국장님의 끊임없는 응원과 격려에 책상 밑에 쌓여만 가던 노트들을 꺼냈다. 시간이 묻

은 흔적들을 한 장 한 장 정리하면서 십수 년 동안의 나를 마주하고 나서야 용기를 내기로 한다. 세월이 지나고 묵힌 기억의 책장들의 먼지를 털어내니 보글보글 올라오는 추억임을 실감한다.

  한결같이 내 글을 지지하면서 충언을 아끼지 않으신 박광영 사무국장님, 그리고 함께 고생해주신 이승훈 선생님께 심심한 감사를 드린다.

2024년 가을
이정희

차례

서문 _4

1

그를 놓을 수 없는 이유 _12

그림자 정원 _21

기약 없는 외출 _29

남겨진 집 _39

내 생애 최대의 적 _46

두 번째 딸 _54

2

떨어진 잎 _66

영혼의 땅, 레옹 _71

벅벅벅 _78

봄의 전령사 _86

비 오는 날 _93

수월하게 가는 고향 _100

3

○○신경외과에서는 _112

아버지의 풍선 _120

율곡이 _127

은경이 _139

지팡이의 무게 _146

찻잔으로 빚은 지구촌 풍경 _154

첫물 찻잎 덖는 풍경 _162

4

코레일, 타임머신 타고 _172

템플스테이 _179

화려한 식사 _191

화해 _197

효자, 숙명의 릴레이 _207

베테랑 _216

1

그를 놓을 수 없는 이유

강원도의 산들은 매력적이다. 남도의 부드러운 능선과는 사뭇 다르다.

나는 그의 매력에 흠뻑 빠졌다.

밤 11시, 훈련대장의 간단한 인사말이 끝났다. 우리 일행을 태운 버스가 강원도로 출발했다. 무박 2일의 강행군이 시작된 것이다.

소란스럽던 사람들은 산행을 대비해 금세 조용하다. 마치 수행자의 처소 같다. 입을 벌리고 잠든 사람, 버스의 율동에 맞추어 고개를 끄덕끄덕 장단 맞추며 자는 사람, 샴쌍둥이처럼 머리를 맞대고 자는 사람 등, 잠을 자는 모습들의 풍경도 흥미로운 볼거리다. 나는 무박이 처음이라 설레고 들떠서 잠이 오지 않았다.

새벽 5시, 목적지에 도착했다. 정적과 추위가 우리를 감싸며 맞이했다. 어둠 속에서도 신속하게 인원 점검이 끝났다. 우리는 일렬종대로 줄을 서서 등반을 시작했다. 높은 산등성을 넘는 일행들은 늠름한 특전사처럼 암흑 속에서도 더 까맣게 돋보였다.

전쟁 영화에서나 볼 법한 광경이었다. 머리 위에는 별이 쏟아질 듯 은하수가 장관을 이루었다. 나무 위에 올라서면 별을 딸 수 있을 것만 같았다.

싱그러운 새벽공기와 나무들이 살을 비벼 흘려주는 향기가 상쾌하다. 달빛마저 숨죽인 어둠 속에 눈에 쌍심지를 켜고 집중했다. 굽이지고 아득한 산행은 등골을 오싹하게 만드는 위험도 뒤따랐다. 그럼에도 자석에 끌리듯 무상무념으로 팍팍한 언덕을 올랐다.

더디게 흐르는 시간에 까만 그림자들은 느릿느릿 둔해졌다. 공기가 갈라지는 소리마저 들릴 만큼 침묵에 들었다. 꼭두새벽의 댓바람도 무력한 등반이었다. 그때 멀리서 개 짖는 소리가 흐트러진 정신을 깨웠다. 암자에서 우리네 같은 중생들의 탈 없는 행보와 안전을 염원하시는 스님의 지혜였다.

어둠이 금세 실타래처럼 걷히면서 사람들의 모습도 조금씩 분별되었다. 정상을 향해 올라야 하는 험난한 등반이 또다시 시작됐다. 오르다 지치면 쉬고 또 오르니 어둠을 걷어내는 동녘의 아우성이 나를 감동시켰다. 막 태어난 아기가 빛을 보는 순간, 울음을 터뜨리듯 짜릿한 희열을 느꼈다.

옹골차게 들어선 생명들과 함께 새벽을 맞이하는 통쾌함은 이루 말할 수 없다. 새벽녘 성긴 솔잎 사이사이 은빛 가루들은 햇살 받아 신비한 기운마저 들게 했다.

나는 새벽의 매력에 푹 빠져들었다. 아득한 길을 줄이려 껑충껑충 뛰기도 했다. 한동안 힘든 시간도 잊은 채 능선을 넘나들며 그와의 숨바꼭질에 아드레날린이 솟구쳤다.

어디 그뿐인가. 아슬아슬한 낭떠러지와 비탈길을 굽이굽이 도는 긴장감, 미끄러져 엉덩방아 찧으면서 타고 내려오는 즐거움, 외줄 로프에 생사를 맡기고 뛰어내리는 아찔함, 들쑥날쑥한 기암괴석들을 붙잡고 기어오르는 공포와 쾌감, 빗물에 씻겨간 길을 찾아가는 지혜는 산에서만 느낄 수 있는 최고의 매력이었다.

이러한 서바이벌이 주는 전율은 그 어디에도 견줄 수 없다. 섣불리 덤빌 수 없는 그의 성깔은 또 다른 매력으로 나를 유혹했다.

산행 대장이 선두에 나서고 후미는 구조대장이 에스코트하고 뒤따른다. 대원들은 늘 보호와 규율 속에서 등반을 한다. 가끔 인원을 점검하고 무전기로 자주 행보를 물어가며 일사불란하게 움직인다.

서로 이끌고 밀어주며 일심동체가 되어 동지애로 산행

한다. 이제 막 입회한 나는 매사에 서투르다. 항상 뒤처지는 나에게 회원들은 인내와 배려로 힘을 보태주었다.

앞을 덮은 안개가 물러나고 드디어 그의 얼굴이 보이기 시작했다.

하늘과 땅 사이에 장대한 내가 존재했다. 가슴 벅찬 환희로 출렁였다.

끝없이 뻗어 이어진 능선, 탯줄처럼 길게 늘어진 그의 숨결은 고르고 따뜻했다. 마치 어미가 질펀하게 앉아 삼라만상을 다 품은 경이로운 광경에 가슴이 벅차올랐다. 더없이 인자한 모습으로 세상을 내려다보고 있었다.

나는 이름 없는 꽃으로 구상나무 곁에 기대어 햇살을 받고 있을 뿐이다. 이 이상 무엇을 욕심낼 수 있을까.

치악산 정상의 비로봉에는 돌탑이 있다. 1964년에 故 용창중 씨가 처음 쌓았다 한다. 탑은 칼을 차고 삼지창을 든 늠름한 대장군 같다. 위풍당당하게 치악산을 지키고 서 있는 모습이 걸출하다.

내 머리 위에 있는 그는 나에게 호락호락하지 않은 산중 호랑이였다. 그는 꼭대기에 올라앉아 명상하듯 평온하다. 구름조차 쉬 넘지 못하고 능선에 걸터앉아 쉬고 있다.

강원도 원주 치악산은 눈을 황홀케 하는 경치 8곳이 있다. 치악 8경은 비로봉, 미륵불탑, 구룡사, 성황림, 사다리병창, 영원산성, 태종대, 입석대다. 치를 떨고 악을 쓰며 오르는 산이라서 치악산이라고 불린다.

이 8경을 거치고 나면 자비로운 마음을 내어준다.

상원사에는 목숨을 구해준 나그네에게 은혜를 갚기 위해 제 머리를 박아 종을 울렸다는 꿩의 전설이 전해진다. 가을 단풍이 곱다하여 적악산(赤岳山)이라 불리던 산을 꿩의 보은으로 꿩 치자를 따서 치악산(雉岳山)이라 부른다.

하산길은 유명한 사다리병창으로 내려왔다. 위험한 바위 구간마다 사다리를 설치하여 붙여진 이름이다.

별빛을 동무 삼아 의지한 산행은 시간을 마법처럼 앞당겼다. 우리가 내려오는 시간에 산을 오르는 사람들이 꽤 많았다. 마치 길게 늘어뜨린 오방색의 자락처럼 끊임없이 이어져 나풀거렸다.

시선은 땅에 꽂은 채 숨을 몰아쉬며 마냥 오르기만 한다. 거친 숨소리는 새벽 공기에 진동한다. 저들의 열정도 뜨겁고 깊다. 저 순간만큼은 세상 고민과 번뇌가 녹아내릴 것이다.

여느 때 같으면 나 역시 저들에 섞여 동행했을 시간이다. 내려오는 여유가 있어 좋았다. 그제야 주변의 사물들이 눈에 들어왔다. 산 아래 펼쳐진 풍광을 누리며 오붓이 내려왔다.

악(岳) 자가 들어간 산은 험하다는 속성을 증명하듯, 8시간여 종주를 마치고 다리가 풀렸다. 채근하고 닦달하던 다리에 무리가 왔다. 개구리가 시험대에 엎드린 모습으로 납작 넘어졌다.

가슴과 무릎에 충격이 커서 고통이 턱까지 컥 찼다. 집에 도착하자 실신하듯 고꾸라졌다. 하지만 무엇과도 바꿀 수 없는 귀한 경험의 등반이었다.

긴 동굴 같은 산행, 동트는 여명의 황홀함, 뼛속까지 적시는 신선한 공기, 끈끈한 동지애, 다채로운 풍경들과 경이로운 자연의 그림들, 섬뜩한 순간들까지, 그는 내 평정심을 잃게 했다.

집에 돌아와서도 그 흥분이 일주일 동안 이어졌다. 온통 그의 아름다움과 매력에 흠뻑 빠졌다. 나를 매몰차게 밀어내던 그였지만 결국 마음을 열어준 호탕함에 가슴이 터지도록 그가 보고 싶다. 깎아서 문지르고 다듬은들 이보다 섬세하고 훌륭한 보석이 또 있을까.

자연의 뛰어난 기술은 인간이 뛰어넘을 수 없다. 거룩한 의식을 치른 양, 뜨겁고 치열했던 그와의 교감은 아직도 나를 자극한다.

'산이 그곳에 있어서 거기에 간다.'라는 말만큼 산악인들의 철학을 대표하는 말이 또 있을까.

나는 오늘도 등산화의 끈을 맨다.

그림자 정원

그곳에 가면 집 마당 앞에 너른 정원이 있다.

긴 호스로 물 주기에 적당한 거리에 있고 저만치에 작은 야산이 있어 예쁜 동산 같다. 주변에는 교목도 없어서 햇빛 받기에도 좋은 터이고 무엇보다 마루에서 가장 잘 보이는 곳이다.

물을 주면 무지개가 생겨서 어렸을 때부터 물 뿌리는 시간을 기다리곤 했다. 정원에는 적당한 크기의 나무들과 수십여 종류의 꽃들이 있다.

봄이면 이른 새벽 방문만 열어도 꽃들의 잔치로 눈과

코가 행복하다. 여름엔 잘린 꽃나무 가지들을 모았다가 밤에 모기 쫓는 모닥불로 사용했다. 특히 재래종 향나무는 향이 깊어 정신을 맑게 한다. 모기 퇴치에 뛰어나서 향나무 가지를 몇 개 꺾어와 모닥불 중앙에 올리면 그 향이 은은하고 좋다. 그 당번은 늘 큰아들 몫이었다.

멍석에 누우면 쏟아지는 별을 온몸으로 받는다. 달빛에 씻긴 마당은 꽃의 충만한 향취에 들썩인다. 나 역시 그곳에 누워 고즈넉한 밤 풀벌레들이 우는 소리를 들으면서 고단함을 내려놓는다.

평화로움을 만끽하던 추억들을 회상하는 어머니. 고슴도치처럼 뾰족한 향나무의 잎새를 톡톡 뜯어낸다. 어머니는 전지한다는 명분으로 톱으로 우듬지를 잘라버리는 아버지를 마땅치 않아 하셨다.

그런 어머니의 마음을 아는 아들은 전지가위로 꽃나무들을 섬세하고 멋들어지게 다듬었다.

어머니는 겨울에는 온실에서 꽃나무를 가꾸어 꽃을

피울 만큼 꽃에 대한 애정이 남달랐다.

　새벽이슬 맞으며 잡초를 뽑고 정원을 관리했다. 아들은 어머니가 안타까워 바닥에 온통 꽃잔디를 심어주었다. 어머니는 일손을 덜어준 아들 자랑에 신명이 났다.
　어머니를 향한 효심만큼 정원의 꽃들은 풍성하고 화려한 몸짓들로 파다하다. 사진을 찍으면 마치 꽃이 만발한 유원지 같아서 동네 사람들도 즐겨 찍는 단골 정원이다.
　그러한 아들이 부모에게는 특별할 수밖에 없다. 문중에서도 인정하는 효자에 동기간의 우애도 각별하다. 집안의 대소사를 책임지고 위트와 재치가 넘쳐 분위기 메이커를 담당했다. 손기술 또한 뛰어나서 집에는 만능 재주꾼의 흔적들로 가득하다.

　서울에 사는 아들은 하루도 거르지 않고 안부 전화로 부모님의 근황을 살폈다. 그렇게 부모님의 건강을 신경

쓰고 정원의 꽃나무를 챙기던 아들이 이제는 없다.

그토록 효심이 지극한 큰아들이 재작년 지병인 심장병으로 느닷없이 세상을 등지고 말았다. 부모님을 자기 목숨보다 더 귀하게 여기고 봉양하던 효자였다. 부모님에게는 사무치게 그리운 한으로만 남았을 뿐이다.

효자는 죽어서 부모님의 심장에 비수를 꽂았다. 썩은 냄새와 함께 시름시름 혈색까지 잃게 하는 불효를 저질렀다.

손가락 사이로 주르륵 흘러내리는 모래처럼, 찰진 응집력도 없고 물기 하나 없는 건조한 어머니는 삶에 대한 의욕이 눈곱만큼도 없다.

태워서 없앨 수도 없는 아들의 커다란 유품인 정원에서 아들과의 사랑을 덜어내지 못하고 있다. 어머니는 오늘도 정원을 눈물로 적신다.

여물을 되새김질하는 소처럼 더는 붙들지 못하는 생명을 차마 놓지 못한다. 슬픈 마음 밭에 소낙비만 내린다.

너른 정원은 볕을 등진 후미지고 어두운 곳이 되었다.
 아들 없는 정원은 방치된 채로 꽃은 그렇게 스스로 피고 진다. 어머니가 그토록 좋아하던 꽃이 핀 정원의 경치도 이젠 헛것이 되었다. 화려했던 꽃들은 어머니의 색으로 바뀌어 어두운 풍경으로 지고 있다.

 딸과도 나눌 수 없었던 비밀까지도 곰살갑게 공유하며 위로받았던 쉼터 같은 아들.
 측량할 수 없을 만큼 깊은 속에 도량이 넓고 구김까지 없어 따듯했던 아들.
 아무 때나 찾아가 영혼을 달래고 근심을 벗을 수 있는 견성이 깃든 바위처럼, 어머니의 버팀목이 되어준 유일한 아들.
 사람을 가리지 않고 낮추어 보지 않는 큰 사람. 화가 나도 분한 마음 억누르며 자분자분 말하던 점잖은 아들.
 세상의 이치를 달관한 성인처럼 여여했던 아들이었다.

가부장적인 위엄에 나름 한 시대를 풍미했던 멋쟁이 남편을 둔 어머니. 현숙하고 지혜롭게 내조했던 어머니에게 속 아픈 슬픔이 있을 거라고는 짐작도 못 했다. 거짓말처럼 다툼 한 번 없으셨던 부모님.

보이는 행복이 다인 줄만 알았다. 큰아들만 맡을 수 있었던 어머니의 속 타는 냄새. 그렇게 어머니의 분신으로 희로애락을 함께하며 어머니를 지키는 태산이었던 아들.

아들 없는 하늘 아래 벼랑 끝에 아슬아슬하게 걸쳐있는 썩은 동아줄 같은 어머니.

맥박의 숨결이 조금씩 삶에서 빠져나가고 있다. 아들이 가꾼 정원에는 밤낮으로 풀벌레가 서럽게 운다. 그것은 시들어가는 어머니의 쇠잔한 기운에 가슴 아파하는 아들의 넋은 아닐까.

철 지난 갈잎처럼 푸석거리는 어머니는 오늘도 아들과 숨바꼭질한다.

집안을 한 바퀴 휘 돌아서 괜한 헛간을 기웃거린다. 보이지 않는 무엇을 찾고 있는지 자꾸만 서성인다. 마침내 바닥에 몸을 부리듯 스러진다.

주목 나무 꼭대기에 앉아있는 이름 모를 새. 볼록 튀어나온 노란빛 가슴 깃털보다 더 가볍게 팔랑이는 어머니.

누가 뭐라 하지 않아도 느닷없이 실성한 여인처럼 중얼거리며 코를 박고 한바탕 눈물을 쏟아낸다.

역도선수가 육중한 역기를 들어 올리는데 죽을힘을 다하듯, 일어서는 일도 힘에 부치나 보다. 바닥을 뭉개며 짚고 일어나 겨울바람보다 시린 물 한 사발을 마신다.

어머니는 배꽃처럼 하얀색에 검정콩 몇 개 박은 아들 신발을 즐겨 신는다. 발이 퐁당 담긴 신발을 질질 끌며 나무늘보보다 더 느리게 그림자 정원으로 무작정 걸어간다.

가이즈카 향나무·박태기·단풍나무들은 아들의 정령이 깃든 의연한 모습이다. 능소화·모란·라일락·목련·

장미들은 아들의 향기다.

한을 뿜어 올리듯 곧은 줄기에 잎을 갈망하는 상사화는 어머니의 마음이고, 꽃을 대롱대롱 매달고 늘어진 죽단화는 머리 풀어헤치고 웅크리고 앉아서 흐느끼는 어머니의 모습이다.

아직도 시들지 않은 애통 속에 이제 더는 구석에서 슬퍼하지 말았으면.

물먹은 눈동자로 가려진 슬픔과 근심의 그늘을 넘어, 산과 바다를 넘나드는 새처럼 자유로운 삶에 햇살이 가득하기를 소망한다.

바람에 나부끼는 이파리처럼 맥없이 흔들리는 어머니.

정원 앞에 멀겋게 서서 오늘도 주문처럼 아들을 부른다.

어머니 앞에 말귀 어두운 숨 가쁜 아들.

얼굴을 가린 채 정원의 꽃이 되어 웃고 있다.

기약 없는 외출

바람이 분다.

출렁이며 불고 있다.

먹물을 뒤집어쓴 구름은 하늘을 덮었다.

험난한 앞날을 예고라도 하듯, 바람은 그렇게 불었다.

하늘도 울고 초목들도 서럽다.

아버지는 오십만 원을 들고 입술을 꾹 다문 채 집을 나섰다. 여느 때와 같이 눈꽃처럼 하얀 셔츠에 날 선 흰 바지를 입고, 비를 맞으며 홀연히 떠나셨다.

바람에 흩어진 아버지의 뒷모습은 흥건한 빗물만 흔적으로 남아있을 뿐이다. 아버지의 빈자리는 얼어붙은 겨울의 들녘처럼 황량했다.

장도의 칼날보다 더 서슬 퍼렇던 아버지의 곧은 성품도 꺾였다. 한량으로 풍류를 즐기던 바람도 멎었다. 아버지의 파트너로 일생을 함께한 지르박·탱고와 맛집들도 폐업 중이다.

낚시방에 모셔(?)졌던 낚시도구들은 주인을 잃었고, 월척을 낚은 강태공의 손맛도 옛 추억이 되었다. 꿩·비둘기·참새들의 숙적이었던 포수의 손도 녹슬었다.

아버지를 추종하던 여인들의 웃음소리도 사그라졌다. 오금을 저리게 했던 포효소리도 잠들었다. 당당하고 늠름한 호랑이는 박제되어 환영으로 남아있을 뿐이다.

아버지는 5년 전 효자인 큰아들을 먼저 보내고 병을 얻었다. 최근에는 고통을 참아내느라 많이 수척하셨다.

올해 들어 부쩍,

"내가 아흔인데 우리 문중에서도 이렇게 오래 살았던 사람이 아무도 없었다. 이만큼 살았으면 천수를 누렸으니 여한이 없다."라고 늘 말씀 하셨다.

결국, 아버지의 곧은 성정은 곡기를 끊고 말았다. 평생 아버지와 동고동락한 약들도 모두 태우셨다.

겨우 물 몇 모금으로 목을 축이고 나선 길. 아무도 다녀오지 못한 그 길을 성큼 나섰다.

배짱 역시 통 큰 우리 아버지답다. 담장 뛰어넘듯 훌쩍 넘어갈 수 있는 수월한 길이 아니다. 아버지가 서둘러 가신 그 길은 그림 같은 풍광을 자랑하는 꽃길이었을까.

너울 파도치는 황금 들녘에 무지갯빛 신기루가 있을까. 쓰나미 밀려오는 바다를 건너고, 히말라야산맥보다 더 험준한 산을 넘어서야 정녕 이를 수 있을까.

처음 가는 그 길이 팍팍하고 험준해도 아버지의 뚝심

대로라면 금세 다다를 수 있을 것이다.

아버지는 고드름보다 차갑고 가시보다 날카로운 추상 같은 분이다. 그러한 아버지가 우는 모습이 부쩍 늘었다. "미안하다. 미안하다. 그동안 내가 너무 잘못 살았다. 당신(아내)한테는 배려하지 못해서 미안하고, 자식을 사랑으로 키우지 못하고 엄하게만 키워서 미안하다."

가부장적인 위엄으로 속마음 드러내지 않는 냉철한 아버지의 짓무른 가슴에 내가 더 아팠다. 아버지는 자존심이 강해 가족들 앞에서 약한 모습을 절대 보이지 않는 분이다.

끝내는 가족들에 대한 그리움과 사랑을 속으로 삭이고, 뉘우침과 자아 성찰로 당신의 한을 풀었다.

아버지는 가장이고 대장부다. 「부모에 효도, 형제간의 우애, 겸손, 정직」이 우리 집 가훈이다. 자식이 잘못한 것은 부모의 잘못된 교육이라 여기고 더 엄중히 하

셨다.

남의 것 탐내면서 속이고, 부모 형제를 업신여기는 사람들에게는 분노하셨다. 형편이 어려운 문맹의 이웃들을 도우면서 자식을 학대하는 부모들에게는 너그럽지 않으셨다. 주변 사람들은 그러한 아버지를 존경하면서도 어려워했다.

아버지는 큰 키에 미남이다. 그래서인지 늘 화려하게 치장하는 멋쟁이다.

눈 쌓인 겨울이었다. 아버지가 잡아오신 장끼의 깃털이 화려했다.

나는 깃털을 하나하나 뽑아가며 아버지의 넥타이를 만들었다. 아랫목에 앉아 꼬박 한나절을 공들였다. 엉덩이에 물집 생기는 줄도 모르고 넥타이 꾸미는 삼매경에 빠졌다. 아버지는 내 작품을 보시고 호탕하게 웃으며 기뻐하셨다. 태어나서 처음 받은 칭찬이었다.

그런 아버지가 이제는 생기를 잃으셨다. 오금 저리게

했던 태산은 민둥산이 되었다. 천둥소리 같던 목소리는 끊겨버렸다.

헐렁해진 티셔츠 사이로 쇄골은 논두렁처럼 도드라졌다. 예전에는 아버지와 감히 눈조차 마주할 수 없었다.

이제는 아버지와 농담을 주고받을 수 있을 만큼 여유가 생겼다. 아버지 앞에서 발을 뻗을 수 있고, 누울 수도 있다. 아버지와의 서먹함이 완화되고 마음도 단단해졌다. 아버지에 대한 편견이 사라지고 짠한 마음만 남았다.

그럼에도 선뜻 다가서기가 쉽지 않았다. 켜켜이 쌓인 아버지의 위용이 화석으로 존재하기 때문일 것이다. 아버지의 거동이 불편해 보여 팔이라도 잡아드리면 괜찮다고 뿌리쳤다. 어느 누구에게도 쉽게 곁을 내주지 않으셨다.

"누가 보면 내가 늙은이인 줄 알겠다."

아흔임에도 콜라텍 다니시는 당신이 아직은 늙지 않았다고 생각하신다. 주검을 목전에 두고도 아버지의 자존심만큼은 짱짱하셨다.

그리고 일주일.

침대에 접착제를 붙이기라도 한 듯, 아버지의 등은 바닥에 달라붙었다. 딱 감아버린 눈에 백합처럼 뽀얀 얼굴은 동면하듯 고요하고 평온했다. 아버지께 내가 할 수 있는 일은 아무것도 없었다.

엎드려 아버지, 아버지!

때늦은 후회로 가슴이 뜨거웠다. 대찬 성정이 쇠하고 푸석한 아버지의 온도는 몇 도였을까. 고통으로 신음하는 아버지를 한 번도 안아드리지 못했다.

해파리처럼 흐물흐물해진 아버지의 심신을 위로하지 못했다. 나는 쭉정이고 무지렁이고 얼간이다. 아버지가 무섭고 두려운 게 아니라 어색함의 장벽을 넘지 못했던 것이다. 마음은 그게 아닌데……

한때는 아버지의 딸이라는 게 싫었다. 아버지를 미워하던, 철없던 시절도 있었다. 나는 아버지로부터 위리안치되었다.

세상은 녹음이 짙고 백설의 꽃은 햇살 받아 천지가 큐빅처럼 빛나는데, 나 홀로 유배 생활을 했다. 나에게는 부질없이 반복되는 계절의 일상일 뿐이었다.

아버지의 허락 없이 한 발짝도 움직일 수 없는 귀양살이다. 두려움에 떨게 하는 아버지의 독재. 그래서 나는 다음 생에는 자유로운 새가 되고 싶었다.

그렇게 지엄하신 아버지의 가르침은 세월이 지나 영글었다. 서릿발 같은 아버지의 위엄은 나 자신을 통제할 수 있는 자제력을 키워주셨다. 타인이 인신공격이나 중상모략을 해도 나는 개의치 않는다. 흔들림도 없다. 내가 떳떳하면 그만이다.

대쪽 같은 아버지의 수양교육은 나에게 뼛속까지 뿌리내렸다. 나를 겸손한 자세로 곧고 바르게 세울 수 있었던 것은 아버지의 자양분 덕분이다.

아버지를 욕되게 하는 딸이 되지 않도록 늘 행동을 조심하고 말을 삼갔다. 지금에 와서 아버지를 존경하고 사랑한 이유다.

내 아이들이 어른을 공경하고 곧고 바르게 성장한 것 또한 아버지의 유산 덕택이다.

엄마, 엄마!

아버지가 아기처럼 엄마를 불렀다. 막내 고모가 놀라 "오빠, 어머니가 왔어?"라고 물으니 고개를 끄덕이셨다. 90년 전의 아버지의 엄마는 하늘 너머에서도 아들의 목소리를 들었다.

엄마는 쇠잔한 아들을 품었다. 엄마를 만난 아버지는 상기된 미소로 아내의 손을 쓰담쓰담 어루만졌다.

"내가 병원에 가지 않은 것은 탁월한 선택이었어. 나, 잘 살고 가네."라고 인사를 남기고 엄마 등에 업혀 웃으며 행복하게 가셨다.

아버지는 "내가 아파서 의식이 없어도 병원에 보내지 마라"라고 살아생전 입버릇처럼 말씀하셨다.

작은 오빠가 직장을 그만두고 집에서 아버지 수발을 들었다. 마지막에 아버지는 오빠를 지그시 바라보셨다.

오빠는 태어나서 처음 느껴본 따뜻하고 인자한 미소였다고 말한다.

아버지가 다다른 곳. 저 끝에 피안의 세계가 있으니 천상에서나 누릴 수 있는 무릉도원일 것이다. 그리운 엄마와 함께 계신 그곳에서 가슴 열어 큰아들도 품고 모두모두 만나서 영원을 누리시길.

바람에 꽃가루 날리듯, 근엄한 향기 풍기며 기척 없이 서 계신 아버지.

아버지! 사랑합니다.

남겨진 집

나는 칡이 많은 마을에서 파란 지붕을 얹고 태어난 집이다.

얼마 지나지 않아 잘생긴 멋쟁이 신사와 귀하게 자란 숙녀가 내 품에 들어왔다. 그들은 새 출발을 기대하며 나에게 둥지를 틀었다. 이들이 좋은 사람들인 것을 단번에 알 수 있었다. 나는 강직하고 올곧은 사내와 어질고 조신한 여인을 기꺼이 품었다. 그리고 내 안에서 이들을 화목하고 행복하게 지켜주리라 다짐했다.

꽃을 사랑했던 여인은 앞마당에 예쁜 정원을 마련하고 집을 알록달록하게 수놓았다. 멋쟁이 바깥양반은 선구자 기질을 타고났다. 새마을 운동이 막 시작할 때 마을에서 가장 먼저 흙마당에서 시멘트로, 집은 모던보이처럼 멋들어지게 꾸몄다.

부부는 무탈하게 여섯 남매를 낳았다. 여섯 남매는 서로 얼굴 붉히며 싸우거나 언성을 높이는 일이 없었다. 가정에서는 매일 안락한 기운이 흘렀다.

안채와 떨어진 넷째 딸의 방에는 밤마다 악동 친구들이 들락거렸다. 넷째는 동지들에게 먹거리를 제공하고 저들끼리 숨죽이며 웃어댔다. 바깥양반에게 들킬까 봐 마음 졸이는 건 내 몫이었다.

넷째는 밤을 무서워했다. 하루는 넷째가 강아지 방글이를 데리고 밤중에 화장실을 갔다. 무엇에 놀랐는지 혼비백산하며 방글이보다 더 빠르게 도망치듯 나왔다. 신발 한 짝은 동쪽에, 한 짝은 서쪽에 벗어 던지고 우당탕탕 방으로 뛰어들어갔다. 그 후로는 잠자다 일어나

화장실에 가는 것을 못 봤다. 귀신이 나온다나 어쩐다나. 다른 형제들보다 유독 겁이 많다. 육십 줄에 있으면서 아직도 귀신이 무섭단다. 지금도 불을 끄면 방으로 후다닥 뛰어가는 게 영락없는 어린애다. 하하하.

앞마당에는 개와 닭들이 조용한 집에 평화로운 숨소리를 채웠다. 뒷마당에는 더덕, 상추, 깻잎, 배추 등이 자라는 남새밭이 있다. 매일 새싹이 움트고 초록의 이파리들이 싱그러운 새벽이슬을 맞았다. 옆마당에는 양봉이 3통 있다. 꿀벌들이 부지런히 일하는 소리가 마당에 넘쳐났다. 정원 옆 작은 슬라브집에는 돼지 두 마리가 산다. 참새들이 사시사철 눌러앉았고, 가끔 주황빛과 노란색 깃털을 뽐내는 새가 꽃밭에 놀러 왔다. 여름에는 밤하늘의 별들이 매미소리와 함께 가정에 쏟아져내렸다. 이곳은 수많은 생명의 기운들이 넘치는 세계였다.

이 댁을 찾아오는 손님들도 셀 수가 없었다. 멋쟁이

바깥양반은 주기적으로 춤꾼들을 불러들여 지르박, 탱고를 췄다. 노래 부르며 양손 가득 채워오던 바깥주인의 형제들 또 친구들, 생선이나 떡을 대야에 이고 팔러 오는 여인들, 수리를 도와주러 오는 사내들, 밥을 얻어먹으러 오는 고양이, 향수 품은 꽃밭에 찾아온 나비까지. 작은 손님들도 이 집을 다녀갔다. 바깥양반 생신이면 6촌까지 모여들어 와글와글했다. 나는 그들의 발에 이리 치이고 저리 치이면서도 아픈 줄 몰랐다. 그들의 웃음소리가 집안을 울렸다.

여섯 남매는 모두 독립하여 집을 나섰다. 명절이나 부모의 생신이면 육 남매가 자신을 똑 닮은 자식들을 데리고 방문했다. 이 가족은 웃음이 많았다. 한데 모이면 서로 농담하고 장난치며 배꼽 빠지게 웃는다. 그들의 추억과 사연들은 각양각색이다.

화기애애하던 집에, 곡소리가 두 번 울렸다.

명절이나 부모 생신에 찾아오는 육 남매는 다섯 명이

되었다. 자식들의 자동차가 사라질 때까지 손 흔들던 노부부는 이제 노파 홀로 대문 앞에 서 있다.

맏이를 잃은 가족은 느닷없는 날벼락에 넋을 잃었다. 바깥양반은 효자인 큰아들을 먼저 보낸 충격으로 병을 얻었다. 마침내 곡기를 끊고 자식을 따라나섰다. 그렇게 아버지와 아들은 같은 곳을 바라보게 되었다.

집은 우주같이 조용해졌다. 수줍게 낯붉히며 대문을 넘어왔던 새색시는 백발이 되었다. 새 지저귀는 소리 그친 오동나무는 둥지를 잃었다. 무지갯빛으로 형형색색 했던 꿈의 정원은 누런색으로 남았다. 강아지 방글이 집에는 주인 잃은 헤진 목줄만 먼지에 묻혔다. 꿀벌들은 꽃바람 따라 이주했다. 손님이 왔음을 알리는 대문 소리도 조용하다. 안주인이 큰아들의 신발을 질질 끄는 소리만 인기척을 낼 뿐이다.

어느 날, 천년의 무게를 느끼는 삐거덕 대문소리가 났다. 단숨에 삶이 뒤바뀌는 악몽이었다. 초록불 반짝이는 하얀 차에 올라탄 안주인은 그렇게 내 곁을 떠났다. 집안은 영원한 침묵에 들었다. 바람만이 휘몰아칠 뿐 개미조차 지나가지 않는다. 80년 만에 모든 소리가 진정 꺼졌다.

얼마 후 아들들이 찾아왔다. 집안 곳곳의 모든 물건을 빼고 집을 정리했다. 마지막으로 넷째가 아들, 딸과 함께 와서 뒷마무리를 했다. 집기들이 모두 빠지고 나는 뼈만 앙상하다. 넷째의 딸은 엄마를 따라다니며 "엄마, 이제 외갓집에 다시 안 와? 이제 정말 끝이야?"라고 반복해서 물었다. 그 딸은 나를 향해 "잘 있어, 잘 있어."라고 말하며 눈도장을 콕콕 찍고 다녔다. 넷째는 나를 어루만지며 지긋이 바라보았다. 넷째의 눈에는 긴 세월을 훑고 쓸어가듯, 물 고인 눈에 추억의 더께들이 비춰 보였다. 오랜 시간 동안 나에게는 많은 흔적이 역사처럼 새겨졌다. 나는 시간이 쌓은 지층이었다.

성주신은 80년 동안 보위했던 가족들의 생기가 모두 사그라든 집안을 천천히 둘러보았다. 그리고 내게 가만히 작별인사를 하고 공기의 경계로 아스라이 퍼졌다. 나는 성주신까지 보내고 나서야 비로소 나에게서 태어났던 자식들의 탯줄을 끊어냈다. 눈을 감고 꿈이 되어버린 아득한 옛 시간을 반추했다. 나는 흔치않은, 행복했던 기억으로 남을 것이다. 좋은 사람들 만나 순탄하게 잘 살았다.

이젠 나도 나이가 들었다. 아이들이 어릴 땐 내 팔을 당기거나 붙들고 매달려도 끄떡없었는데 지금은 팔만 세게 잡아도 매가리 없이 툭 떨어진다.

귀한 얼굴들, 그리고 충만했던 행복과 소중했던 추억을 안고 나지막이 말한다.

잠들 시간이다.

내 생애 최대의 적

　그간 늦더위에 지쳐서일까. 지나는 비를 붙잡아 앉혔는지 밤새 내린 비가 아침까지 늑장을 부렸다.
　예절 다도 교실 개강하는 날이라 찻자리 준비물이 많아서 걱정이었다. 일진이 불길함을 예견했을까. 어제까지 화창하던 날씨가 오늘은 갑자기 비가 내린 것이다.
　동장님과 내빈 그리고 회원들의 찻자리를 각각 분류하여 세팅을 마치고 손님맞이 준비를 완벽하게 끝냈다.
　그러나 그 완벽함은 오래가지 않았다.

대여섯 분이 강의실에 들어오셨다.

특별히 꾸며놓은 찻자리에 모셔야 할 동장님을 제대로 모시지 못하는 황당한 사건이 발생했다. 서로 상대방이 동장이라며 우기고 계셨다. 내가 기억하는 동장님, 엊그제 뵌 동장님과 오늘의 동장님 성별이 바뀌었다. 며칠 사이 동장님의 인사이동이 있었나 했다.

가는 날이 장날이라 했던가. 하필이면 오늘 일일 명예동장이 선임된 날이다. 겸손하신 김수현 동장님께서는 모든 권한을 일일동장에게 위임하고 본인의 신분을 극구 사양하신 것이다.

나는 그때야 비로소 내 병의 심각성을 깨달았다. 한바탕 소란이 벌어지고 김수현 동장님께 여러 번 간곡히 청하여 동장님의 자리에 모실 수 있었다.

오늘의 동장님은 내가 기억하는 동장님보다 네댓 살이 젊고 작은 얼굴에, 잘생긴 중년 신사였다. 나는 사람의 얼굴을 보고도 감쪽같이 잊어버리는 이상한 병을 가지고 있다. 내 안의 또 다른 내가 있는 것일까. 어찌할

바를 몰라 지옥이 따로 없었다.

내 실수에 대한 부끄럼보다 동장님께 죄송함이 더 컸다. 머리를 쥐어박으며 '아이고 창피해라. 내가 죽어야지.'를 연발하자 '그런다고 죽어요? 새끼를 두고 죽으면 우리는 어쩌라고요.'라는 회원의 한마디에 금세 웃음바다가 되었다.

나는 사람을 알아보지 못해서 실수가 태반이고 욕도 많이 먹는다. 늘 있는 일이기에 나를 욕하던 사람들도 이젠 날 이해하고, 나는 또 달게 받아들인다.

사람만 만나면 지우개로 기억을 싹 지워버리는 나쁜 버릇은 나의 치명적인 단점이다. 대충 살아도 되겠거니 하기에는 반복하는 내 결례를 방치하는 것 같다는 생각이 들었다.

최근 들어 건망증이 더욱 심해진 것 같기도 했다. 또다시 이러한 실수를 해서는 안 되겠다 싶어 치료방법을

찾기로 했다.

친분이 있는 K 의사에게 건망증에 대한 전문 의사를 추천받고 싶어서 전화를 했다. "눈도 침침하고, 정신도 깜빡깜빡하고."라는 말이 끝나기도 전에 그럴 때가 됐다며 농담만 했다.

자초지종을 듣고 심각성을 깨닫고서야 전문신경과를 추천해 주었다. 비용이 만만치 않았으나 맘먹고 갔으니 검사를 하기로 했다.

"아직은 젊은 나이로서 이런 질문이 기분 나쁠 수도 있으나 오해하지 말고 질문에 답해주세요."라는 의사의 말에 긴장이 되면서 묘한 기분이 들었다. 처음에 질문 같지 않은 질문을 할 때는 슬프기도 했다.

그러나 시간이 갈수록 대체로 난도가 높은 테스트였다는 생각이 든다. 모든 검사가 끝나자 내 앞에는 서로 키재기를 하며 솟구친 막대그래프 진단서가 놓여있었다. 시종일관 낯빛이 변함이 없던 의사는, 마주한 나에게 엷은 미소를 살짝 지었다가 이내 거두고 결과물을 한참 동안 응시했다.

순간 나는 세포들이 일제히 궐기하는 느낌이었다. 마른 침을 꿀꺽 삼키고 바닥을 발로 힘껏 눌렀다. 무척 긴장됐다.

의사의 말은 뜻밖이었다. 아무런 이상이 없을뿐더러 기억력이나 시각적인 순간 기억력이 아주 좋고 집중력도 뛰어나단다.

오히려 내 나이에 젊은 사람과 비교해도 전혀 뒤떨어지지 않다는 것이다. 스트레스에서 오는 건망증이니 걱정하지 말라고 했다.

나는 믿을 수가 없었다. 눈에 보이는 것들은 그냥 의미 없는 도형일 뿐이었다.

"그럴 리가 없습니다. 전 매사에 긍정적이라서 그다지 스트레스도 안 받구요. 아무 생각도 없습니다. 그리고 단세포라서 오래 고민도 할 줄 모르구요. 또."

믿을 수가 없는 결과라서 말문이 막혀버린 나는 느닷없이,

"선생님! 저 아무 약이라도 주세요, 어디라도 좋아지겠죠!"라고 뚱딴지같은 말을 했다.

이상하게 구는 내게 잠시 당황한 의사는 빙그레 웃었다. 일반 기억력이나 시각적인 기억력이 97%가 나왔기 때문에 약이 필요 없다며 앞으로 절대 치매는 오지 않을 것이라고 했다. 서울대 병원, 삼성 병원에서도 치매나 건망증 검사는 이와 똑같이 한다며 신뢰를 심어주었다.

"선생님! 누가 그러는데 제가 안면 인식 장애라던데요."

"그것과는 별갭니다. 전혀 달라요. 운동은 하십니까?"

"네. 숨쉬기 운동은 열심히 합니다."

의사 선생님은 큰 웃음으로 응수하더니 단순 건망증일 뿐이라며 평소에 운동과 메모하는 습관을 가지라고 했다. 나는 한동안 자리에서 일어서질 못했다.

시각적인 기억력이 그토록 뛰어나다면, 어찌하여 사람 얼굴을 그 지경까지 못 알아볼 수 있단 말인가. 치매가 절대 오지 않는다는 말에도 기뻐할 수 없었다. 아니 그런 말은 안중에도 없었다.

얼굴을 기억하지 못하는 게 타고난 성향이라…… 그렇다면 치료방법은 없는 것일까. 오히려 고민이 생겼다. 정상이 어찌 정상 같지 않으니 좋은 건지 나쁜 건지 판단이 서지 않았다.

나는 병이길 바랐다. 그래야 내 건망증을 낯설어하는 사람들에게 예우와 변명거리라도 되기 때문이었다. 후배가 보기에도 나는 심각한 상태라고 했다.

그럼에도 달라는 약도 주지 않고 정상이라니 속 터질 일이라며 혀를 찼다. 그러니 죽을 때까지 병 못 고치겠다며 비아냥거리기까지 한다. 우리는 한바탕 박장대소했다.

피할 수 없으면 즐기라고 했던가. 나름 머리 좋다는

걸 자부심으로 삼고 지금부터 조금이라도 더 오래, 많이 기억하기 위해 메모하는 노력을 해야겠다는 생각이 든다.

나에게 다가온 이 귀한 얼굴들을 조금이라도 더 오래 들여다보고 잊지 않기 위해 머리에 힘을 준다. 의학적인 문제가 아니라 이젠 관념이 되어버린, 내 건망증이라는 인생 최대 숙적에게 결투를 신청한다.

누가 이기나 한번 해보자.

아, 그런데 내 숙적이 누구였더라.

두 번째 딸

그녀는 나를 피한다.

그녀를 처음 만났던 날은 흰 눈이 그녀처럼 조용히 내리던 날이다. 아들은 함께 동거하자며 그녀를 당당하게 데려왔다. 갈색 털옷을 입고 있던 그녀는 고개조차 들지 못했다.

수줍어서가 아니다. 두려움으로 바들바들 떨고 있었다. 그녀는 작은 체구에 메마른 옥수숫대 같았다. 오래된 바나나 껍질처럼 얼굴색도 어둡고 푸석하다. 그녀가 잔뜩 겁먹고 위축된 모습에서 생기라고는 찾아볼 수 없다.

그늘진 얼굴에 그동안의 고달픔이 컸음을 짐작할 뿐이다. 그녀는 온종일 팔에 얼굴을 묻고 엎드려있거나 잠만 잔다.

눈을 뜨고 있을 땐 망부석처럼 제자리에서 눈알만 굴리며 눈치만 살핀다. 일부러 관심을 두지 않아도 한결같이 곁눈질만 한다.

이름만 크게 불러도 석고상처럼 굳은 채 심장이 발동기처럼 뛴다. 우리 집이 불편하니? 내가 무섭니? 필요한 거 있니? 하고 물어도 대꾸가 없다.

그녀에게서 바삭바삭한 건기를 느낀다. 그녀는 껌딱지처럼 아들 뒤만 붙어 다닌다.

그녀는 나를 피해 3일 동안 아들 방에서 숨어 지냈다. 나는 사전 합의 없이 몰래 집에 데려온 것에 화가 났다. 아들 방에 쥐 죽은 듯 숨어있던 그녀도 성난 내 목소리를 들었을 것이다.

아들과 딸은 나를 줄줄 따라다니며 그녀를 허락해 달

라고 내내 졸랐다. 방관만 하는 남편이 밉기도 했다. 새로운 식구를 들인다는 게 그리 쉬운 일이 아니다. 그렇게 옥신각신 서너 달이 지났다.

가급적 그녀에게 뼈아픈 언사는 삼가기로 했다. 그렇다고 섣불리 가족으로 들일 수는 없었다. 하는 수 없이 적당한 시기를 보자며 지켜보기로 했다.
 그녀는 처음 만났을 때 자신을 반기지 않았던 나에게 앙금이 남아있다. 곁을 절대 허락하지 않는다. 내가 오갈 데 없는 자신을 내치기도 했고, 시종일관 냉담했기 때문에 마음 열기가 쉽지는 않을 것이다.
 미안한 마음에 나 또한, 서두르지 않는다. 굳이 울타리를 부수고 들어가려 하지 않는다. 그저 한 발짝 떨어져 지켜볼 뿐이다. 내가 요리할 때면 어느새 옆에 와 있어주기만 해도 고맙다.

때이른 더위에 바람이 유난히 불어대던 오후다.

그녀는 나들이 가자는 말에 성큼 따라나섰다. 하지만 나는 그녀를 병원에 데려갔다. 그녀는 영문도 모르고 얼렁뚱땅 수술을 받았다. 마취에서 채 깨어나기도 전에 그녀와 마주했다.

눈이 텅 비어있다. 내가 미어캣처럼 목을 쭉 빼고 애타게 불러도 눈길 한 번 주지 않는다. 무통주사도 맞지 못한 그녀는 고통을 고스란히 참아내고 있다. 핏기 없이 초췌해 의욕이 없어 보인다.

시든 배춧잎처럼 축 늘어졌다. 내가 밉기도 하겠지만 만사가 귀찮은 듯 내 손길조차 거부한다. 아프지 않고 오래 살게 하는 수술이라고 해명해도 들은 척도 하지 않는다.

그녀의 거친 숨소리는 새벽을 열었다. 종일 굶은 그녀에게 음식을 입에 대주면 그마저도 입술로 밀어낸다. 입을 앙다물고 눈 한번 깜빡임 없이 나를 뜯어본다.

억울하고 분하다 덤비기라도 하여 마음이 후련해진다

면 좋으련만. 그녀의 묵언에서 냉기가 흐른다.

그녀는 일찌감치 엄마젖을 떼고 버림받았다. 이곳저곳 떠밀려 겨우 정착한 아들 친구 집에서 매 맞고 살았다. 수모를 겪으며 눈물을 삭이는 그녀가 너무 불쌍해 아들이 데려왔단다.

원래 성정이 나대고 수다스러운 여인은 아닌 것 같다. 주변 사람들도 순하다는 칭찬에 입을 모은다. 마냥 입 다물고 있는 여인이 내뱉는 긴 호흡에 나는 질긴 통증을 느낀다.

새 식구를 들일 수 없다는 나의 성화에 체념한 아들은 여인을 맘씨 좋은 집으로 보냈다. 그 후 일주일 만에 다시 되돌아왔다.

천덕꾸러기로 살아온 그녀에게 측은지심이 생겼으나 그녀와의 동거가 얼토당토않은 건 분명하다. 나는 본래 살았던 친구 집으로 다시 들어가는 게 옳다고 생각했다.

"엄마, 그 집에 다시 들어가면 쟤 맞아 죽어요. 오죽하

면 엄마가 싫어하는 줄 알면서 데려왔겠어요."

 그 말에 단단했던 마음속 철옹성이 모래성처럼 부서지기 시작했다. 맞아서 죽는다는데, 강 건너 불구경하듯 방관만 할 수는 없었다.

 그녀와의 실마리가 풀리지 않을 것만 같았던 마음이, 결정하고 나니 일순간 그녀에게 강한 모성애가 솟구쳤다.

 그녀의 물먹은 눈망울 너머 슬픔을 보았다. 그녀의 둥글고 커다란 눈동자 속에 참외 씨앗만 한 내가 있다. 그제야 나는 이 여인을 끝까지 책임지기로 했다. 벌 받고 매 맞던 지옥으로 다시는 보내고 싶지 않았다.

 그리고 이 여인에 대하여 알아가기로 했다.

 그녀의 이름은 두두다. 깡마르고 겁도 많고 추레한 그녀는 푸들이다. 사냥견 출신답게 워낙 영민하여 작은 몸짓과 섬세한 눈빛으로 인간의 감정을 느끼고 가족과 교감한다. 다만 두두는 나를 소 닭 보듯 한다.

 내가 매몰차게 대했던 설움이 아직 남아있는 것이다.

중성화 수술은 단점보다 이점이 더 많아 수술도 해줬다. 나는 우리 두두의 상처에 새 살이 차오를 때까지 뭉근히 기다릴 것이다.

인간이 저지른 학대는 동물들에게 평생 트라우마로 남는다는데, 아마 회복할 수 없을 만큼 견고한 납땜질이 된 것 같다. 이 조막만 한 생명에게 무슨 짓을 한 것일까.

아무리 맛있는 음식이 있어도 보채지 않는다. 배가 고파도 칭얼대지 않는다. 사람에게는 물론이고, 어떠한 상황에서도 절대 짖지 않는다. 아기 두두는 트집 잡히지 않고 매를 덜 맞기 위해 자신의 욕구를 누르고 살았다.

매사를 인간에게 맞추는 이상한 생존 방식을 먼저 깨우쳤다. 자신을 성가시게 굴어도 한숨만 픽 쉴 뿐이다. 낑 소리 한 번 내지 않는다.

시간 속에 묻혀버린 어린 것의 삶, 두두의 인내심은 마치 덕을 많이 쌓은 수행자 같다.

이 작고 순수한 영혼은, 골수까지 미치도록 허기진 사랑에 한이 서렸다. 그래서 두두의 정서적인 회복과 나와의 관계 개선이 우선이었다.

두두의 뚫린 가슴을 봉합하는 데에 나는 치성을 드리듯 노력했다. 두두는 드라이브를 좋아한다. 유리창을 내리면 창틀에 앞발 올리고 바람맞는 것을 즐긴다.

두두가 꼬리 흔들며 좋아하는 뒤태를 보면 나도 덩달아 웃음이 난다. 함께 산책하고 두터운 신뢰와 정을 쌓으며 다가간다. 틈틈이 애견 카페에 들러 동무들과 친목하는 자리도 마련했다.

두두야, 놀러 갈까? 말이 떨어지기 무섭게 폴짝폴짝 뛰면서 먼저 앞장선다. 나는 두두의 언어가 들리기 시작했다. 이제는 두두도 내 마음의 소리를 이해한다.

TV에서 개를 유기하는 주인들을 보면 인간 된 감정으로 분개하고 성토했다. 그러면서도 강아지를 안고 다니는 사람들을 향해 비웃기도 했다. 사람 아기도 아닌 동물을 안고 다닌다며 던진 조소가 나에게 돌아올 줄 누가 알았겠는가.

요즘 나는 벙글벙글 웃는 아기를 키우는 것 같아 신나고 행복하다. 두두를 바라만 보아도 실실 웃음이 절로 난다. 옆에 있는 것만으로도 아주 든든하다.

삶에 활력이 돈다. 우리 두두는 잠들기 전 혀로 이불을 핥는 잠버릇이 있다. 아기들 잠버릇 하는 것 같아 신기하고 우습다. 두두는 이제 내 곁에 드러눕기도 한다.

우리 두두에겐 환희로 넘치는 행복만 있을 뿐이다. 난 웅덩이처럼 패인 두두 마음을 사랑과 추억으로만 채워질 수 있도록 노력하고 있다.

으르렁 그르렁~~~ 순둥이 우리 두두는 꿈속만이 제 세상이다.

부모 마음 잘 헤아려 살뜰히 챙기고 늘 웃음보따리를 선물하는 효녀 딸, 살붙이가 한 사람 더 늘었으니 딸이 둘.

지붕이 되어주는 듬직한 아들 하나.

이만하면 나는 자식 떼부자다.

오늘도 주문을 외운다.

순둥이 우리 두두야!

엄마랑 100살까지 살자.

2

떨어진 잎

하늘에 양 떼 같은 구름이 무덤덤하게 떠 있다. 차가운 바람이 헝클어진 머리카락을 비벼댄다. 서늘한 계절, 사방에는 을씨년스럽게 시체들로 즐비하다.

시체들은 바위에 투신하고 산천에 묻혔다. 물 따라 흘러흘러 뭍에 다다른 시체들은 여기저기 수북하다. 수장을 당하거나 매장을 당하고 화장까지 당한다. 심지어 동물의 먹이가 되기도 한다.

나는 한 곳에 모인 시체들의 무덤을 무명총이라 이름 지었다. 천지가 낙엽의 공동묘지다. 아직도 단풍의 혼불들은 어지러이 날아다닌다. 사람들은 그 무덤에 눕고 뒹굴며 낙엽의 넋을 기린다. 고성과 함께 날뛰며 야단법석이다. 띠를 이룬 사람으로 낙엽의 장례 행렬은 끝이 없다.

쇠심줄로 타고 난 칡덩굴도 쇠했다. 감나무에 기생하며 살았던 가시박 덩굴도 이미 흔적을 감추었다. 소나무에 안기어 채 오르지 못한 담쟁이도 야위어가고 있다. 메꽃 덩굴도 무궁화나무 꼭대기까지 올랐으나 거기까지다.

내가 애지중지 아끼던 로즈마리의 죽음은 타살이다. 얼기설기 만든 집에 로즈마리를 가두어 숨통을 끊어놓은 더덕 줄기도 끝내는 삶을 포기했다. 하지만 화려한 드레스를 입고 하객들의 환호 속에 우아하게 최후를 맞는 단풍들도 있다.

뜨거운 숨을 불태우는 가을색이 찾아왔다. 매일매일 새로운 모습으로 갈아입는 빛깔의 향연이다. 세상이 단풍들의 찬란한 꽃빛과 고혹적인 매력으로 가득 차기 시작했다. 눈에 다 담을 수 없이 넘치는 풍경들이다.

알밤 줍던 다람쥐가 바스락거리며 나무를 오른다. 나는 볕드는 단풍나무 아래에 누웠다. 단풍의 고운 물색은 저절로 빛이나 몽환적이다.

낮에 뜬 화려한 별들이 은하계를 이루었다. 별들을 비집고 들어오는 햇살에 쏟아지는 수정 가루는 눈을 멀게 할 정도다. 잠시 정신을 잃어도 좋을 만큼 환상적이고 경이롭다.

산과 들 거리마다 빼곡한 숨소리들로 부산하다. 태양이 가장 높이 떠있다. 이 순간만큼은 광채로 빛나는 삶인 것 같다. 옹골찬 에너지를 모아 농축된 단풍은 절정에 있다. 터부시되던 풀들까지도 곱디곱게 단장했다.

어느 화백이 물감을 풀어 신들린 듯 붓질한 추상화 같다. 다채롭고 변화무쌍한 단풍은 화려하지만 호사스럽지 않다. 마치 속되지 않고 탐락하지 않은 성인 같다. 그래서 사람들에게 추앙받는다.

볕이 품고 바람이 만들어낸 가을의 결정체 단풍.

이제 나무는 동면할 채비를 한다. 눈이 시리도록 다채로운 염색으로 치장한 단풍들이 세상으로 쏟아져 나왔다. 고통의 노력이 함축되어 단풍이 완성됐다.

단풍은 생을 마감하는 순간까지도 경망스럽지 않다. 나비가 물 위를 걷듯 땅 위에 살포시 내려앉는다. 마치 군자와 같아서 자유로움 속에서도 흐트러짐 없이 묵직하다.

죽음의 순간까지 고고하고 우아하게 품위를 지킨다. 초연한 낙엽들이 지상에 내려앉아 몸을 둥글게 말고 그대로 굳어버렸다. 자연이 빚은 예술은 장엄하다.

그래서 또 슬프다. 내 추억도 단풍으로 물들었다. 내 기억들을 추려내어, 모아본다. 저 너머와 나의 경계는 완고하다. 그곳으로 넘어갈 수 없어 애타는 이 마음을 기억하고 추억할 뿐이다. 깊은 곳에서 풍랑을 맞은 물결같이 맥박이 뛴다.

낙엽들 사이로 그리움이 가슴에 박혀 눈물이 난다. 또

다시 덧난 상처.

「무위자연」 자연은 스스로 그러할 뿐. 작위적이지 않다. 가야 할 때를 의지로 앞당기거나, 미루지 않는다. 금강처럼 단단하고 물줄기 같은 부드러움은 영락없는 성인의 근본이다.

내가 안주할 장소를 물색하거나 탐하지도 않는다. 단풍이 낙엽이 되는 그 순간은 한 줌의 샷됨도 허락하지 않는다. 번뇌와 힘듦까지 내려놓고 꿈꾸듯 여행의 시작이다.

오래도록 긴 행렬의 배웅을 받으며.

해가 저문다.

단풍이 진다.

그렇게 낙엽이 내려앉는다.

나의 군자,

아버지도 그렇게 내려앉았다.

영혼의 땅, 레옹

 어머니의 젖줄과도 같은 곳, 영혼의 땅.

 자연의 신비와 웅장함 속에 생명이 출렁이는 광활한 대지. 그곳에 꼬마 신사 레옹이 살고 있다. 엄마의 애간장을 무던히도 태우면서 또 엄마만을 사랑했던 유일한 자식.

 그는 새끼 표범이다. 동물들의 왕국 사바나, 그 세계에서는 늘 치열한 경쟁과 두려움을 안고 긴장 속에 살아간다. 그럼에도 생명이 탄생하고 평화가 존재한다.

 서로 협동하고 화합하며 질서를 지키고 그들만의 온

전한 세상을 꾸려간다. 필요한 것 이상으로 해치지 않는다. 원하는 만큼만 구한다. 맹목적으로 파괴하지 않는다. 그렇게 인간 사회보다 완벽한 체제와 구조를 유지한다.

그러던 어느 날 레옹이 오랫동안 보이지 않는다. 어미라는 것은 야생과 인간이 다를 바 없다. 자식을 찾으러 나섰다가 처참한 자식을 발견하고 억장이 무너진다. 레옹은 저주와도 같이 한순간에 피할 수 없는 생과 사의 문턱을 밟고 말았다.

놀이터 삼아 나무에 오르내리던 레옹은 까불대다 나무줄기에 몸통이 끼면서 노련하게 대처하지 못했다. 허둥대며 무리하게 빠져나오려다 순식간에 척추가 꺾이고 말았다.

서글픈 새끼가 넙치처럼 납작 엎드려 거친 숨을 몰아쉰다. 어미는 빨리 일어나라며 채근하듯 목덜미를 물어서 일으키려 한다. 어린 자식은 가망이 없음을 알아차렸다. 어미에게 어서 떠나라는 호소라도 하는 양 앙칼지고 단호하게 으르렁거리며 몰아붙인다.

엄마 없이 준비하는 죽음의 두려움은 골수에 얼음을 문지르는 고통보다 더할진대.

어미는 제 앞에서 죽어가는 자식의 공포를 덜어줄 방법도 없다. 낫게 할 묘안도 없어 물먹은 하늘만 올려다볼 뿐이다. 어미도 섧고 새끼도 슬픈 운명의 순간이다.

결국, 돌이킬 수 없다는 것을 깨달은 어미는 대성통곡이라도 하듯 지축이 진동하는 포효소리를 남겼다. 어미의 새끼 잃고 말라붙은 목소리가 맥놀이처럼 사그라졌다. 숨 막히는 정적이 흐른다.

심장이 오그라드는 고요함 속에서 호흡조차 크게 할 수 없는 레옹이다. 그는 몸을 추슬러 자신의 키보다 훌쩍 자라버린 풀숲을 더듬거리며 기어간다. 누구의 도움도 없다. 하늘을 받쳐 든 무게보다 더 무거운 주검을 매달았다.

무뎌진 다리로 마지막 힘을 다해 어딜 저리 가고 있을까. 서걱거리는 풀씨들은 레옹의 눈물방울처럼 떨어져 엎드린 채 숨죽이고 있다.

레옹은 사람으로 치면, 이제 겨우 서너 살이 된 천방지축 아이다. 어미가 물어다 준 먹이로 허기진 배를 채우기보다 사냥놀이에 더 신난다. 영락없이 우리 아이들의 모습과 똑같다.

세상이 온통 궁금투성인 호기심 많은 철부지다. 저 작고 어린 것은 곧 어미를 등질 것이다. 동굴처럼 뚫린 어둠 속, 죽음과 마주한 유약한 생명은 뜻밖에도 차분하고 침착하다.

죽음을 감지한 동물들은 본능적으로 죽을 채비하고 조용한 곳으로 떠난다. 그러나 레옹은 제힘으로 끼니조차 해결할 능력도 없는 어린 새끼일 뿐이다.

본능은 두려움을 잊게 하는 것일까. 죽음의 부름에 따르는 레옹의 위용은 어둠 속의 등불보다 더 빛난다. 목적지가 지척에 있다. 그럼에도 빨리 달릴 수도 없다. 쉬 갈 수도 없는 곳.

 레옹은 뙤약볕에 달라붙은 달팽이처럼 땅에 붙어서 느리게 느리게 가고 있다.

 사람은 주어진 삶에 만족하지 않고 오지 않은 내일까지 앞서 걱정하며 살아간다. 가진 것보다 더 많은 것을 탐낸다. 사회는 온갖 계책과 술수로 얼룩져있다.
 특히 죽음을 목전에 두고 길길이 뛰며 발싸심을 한다. 죽음 앞에서는 모든 생명체가 두렵다. 그러나 레옹은 자신의 처지를 차분히 인정하고 두려움을 내려놓았다.
 야생과 생명이 차고 넘치는 아름다운 땅. 수많은 사연을 안고 다녀간 가을빛도 서러움을 아는가 보다. 가시나무 끝에 걸려있다. 레옹을 하늘로 인도하는 바람도 잠시 멈추어 섰다.
 레옹은 자신을 덮어갈 검은 구름이 스멀스멀 다가와도 살고자 버둥대며 발악하지도 않는다. 어린 새끼의 나약한 모습은 찾아볼 수 없는 호걸이다. 물기 사라진 둠벙 속의 물고기처럼 가쁜 숨을 헐떡인다.

고통스럽게 더딘 죽음 앞에 있다. 이미 생명의 기운이 사라지는 몸짓임에도 다듬어진 레옹은 성숙하고 걸출한 모습이다.

나고 자라면서 천적들로부터 보호받고, 호연지기를 키우던 곳. 바싹 마른 황야에서도 축복받는 생명이 움튼 곳. 덤불 같은 지붕이 푸른빛으로 씌워진 꿈의 요람지. 그곳을 가기 위해 두 발로 부러진 척추를 끌고서 죽을힘을 다해 나무를 기어 내려왔다.

삶과 죽음의 경계에서 육신을 벗어던진 그만의 세상. 하늘과 맞닿은 너머에 영혼이 쉴 곳을 향하여 너울너울 그렇게 갔다. 레옹은 공포가 짓누르는 죽음 앞에서도 자연을 닮은 눈망울이 물에 씻긴 듯 맑았다. 인생을 달관한 성인 같다.

의젓하고 당당한 모습은 벌겋게 달궈진 아랫목처럼

식을 줄 모른다. 작은 별은 나에게 박혀 빛나고 있다.

 죽음이란, 한 호흡의 멈춤이다. 그럼에도 우리는 그 작은 호흡에 집착하고 두려워한다. 내가 이승의 몸으로 마지막 머무는 끝자락에 서 있을 때, 저처럼 죽음을 의연하게 받아들이고 후회 없이 삶을 갈무리할 수 있을까.
 나는 그럴만한 용기도 없다. 지혜도 없다. 그래서 뒷모습이 아름다운 삶을 살도록 노력해야겠다. 레옹의 죽음은 나를 돌아보게 했다. 매 순간 평범한 일상에 감사함을 느낄 수 있는 울림으로 남았다.
 한순간의 불의는 누구에게나 닥칠 수 있는 태풍과도 같은 것이다. 한낱 동물이라고 죽음에 대한 사고가 두려움 말고는 없을 것으로 생각한 내 편견이 부끄러웠다.
 자유로운 영혼에 형체가 있다면 아마 레옹의 모습일 것이다.
 자연의 어머니 품속, 그곳에서 아픔 없이 껑충껑충 뛰어다니는 레옹이 그려진다.

벅벅벅

딸에게는 아토피가 있다.

아기 때부터 안 먹인 약이 없었다. 아토피에 편백 나무가 좋아 진액을 먹이고 발라도 보았다. 건조한 피부에 꿀도 바르고 숯가루도 발랐다. 모든 민간요법까지 시도했지만, 소용이 없었다. 아토피의 근원은 면역력 때문이다. 선천적인 문제에 속수무책으로 무력했다.

벅벅벅. TV를 보거나 책을 읽으면서도 여지없이 딸이 무던한 표정으로 몸을 긁는다. 목판도 손톱으로 반복해서 긁으면 홈이 파이는데. 하물며 여린 피부를 손톱으로 저리 무심하게 긁는 것인지. 거친 수세미로 눌린 냄비 긁어내듯 힘주어 긁어댄다. 살갗이 뜯기고 피가 터지면 상처를 손톱으로 꾹꾹 눌러가며 살살 긁는다. 진득한 진물이 나서야 긁는 행위를 멈춘다. 어린아이가 아픔보다 가려움 해소가 더 앞선 것은 어떤 심정일까. 가려움에 부르르 떠는 고통의 진동이 지금도 느껴진다.

　딸의 얼굴은 홍점 대신 피부가 극도로 건조하여 까슬까슬했다. 각질 같은 버짐이 얼굴을 덮었다. 초등학생 때는 딸의 심정을 알 리 없는 아이들이 얼굴을 유심히 쳐다보는 일이 잦았다.

　다행히 딸은 성격이 무던하다. 아들이 딸에게 파충류 피부라고 장난쳐도 신경 쓰지 않았다. 교무실에 간 딸의 입술 주위에 각질을 본 선생님이 "너만 과자 먹니? 과자 가루는 털고 와라."라고 했다며 "그 말이 너무 웃겼어."라고 아무렇지 않게 말한다.

　"아토피 이거 옮는 거야?"라며 딸을 만지지 않으려 했던 친구도 있었다. 딸은 "아니? 이거 옮는 거 아냐."라고 대수롭지 않게 넘긴다. 어느 날, 공기놀이하는데 "나 쟤 얼굴 징그러워 못 보겠어."라는 소리를 들었단다. 딸하고 닿기만 해도 초등학생 특유의 과장하는 모양새로 기겁하며 도망갔다. 그럼에도 딸은 타박하거나 주눅 들지 않았다. 어린아이답지 않게 너그럽고 당당하다. 배짱까지 두둑하다.

초등학교 3학년 여름이었다. 집에 돌아온 딸이 호들갑을 떤다. "엄마, 엄마. 지우는 아토피 때문에 긴팔만 입고 다니는데 오늘은 반팔 입고 왔어." "그래?" "어제 지우가 희송아, 너 반팔 입으면 아토피 보이는데 안 창피해? 하길래 응, 난 안 아팠다 치고 입어. 너도 그래 봐. 했거든. 오늘은 반팔 입고 왔어. 훨씬 시원해 보이더라." 라고 말한다.

하루는 수업 중에 가려운 이마를 살살 긁으니 책 위로 각질들이 떨어졌다. 마치 하얀 눈이 내리는 것 같았단다. 딸은 그것이 신기해 계속 이마를 털어냈고 눈들도

연이어 떨어졌다. 얼마나 털어내야 눈이 그칠까. 호기심이 많은 딸은 내내 털어내느라 선생님 말씀도 들리지 않았단다. 싸락눈은 속절없이 책 위로 펑펑 내렸다.

튼 피부를 손톱으로 긁으면 상처가 생겨 딱지가 진다. 그 부위가 가려워 다시 긁어 딱지를 벗겨낸다. 그렇게 또 피가 터지면 다시 딱지가 지는 무한 굴레다. 나는 딸에게 상처 없이 가려움을 해소할 수 있는 방안을 궁리했다. 쇠숟가락이다. 딸의 아토피 때문에 늘 긴장하고 선잠을 자는 나는 작은 기척에도 퍼뜩 잠에서 깬다. 쇠숟가락으로 긁어줬다. "손톱만큼 시원하진 않아도 아프지 않아서 좋아."라는 말을 하고 금세 잠드는 딸. 의연하고 씩씩한 딸을 보며 심장이 불에 데는 것 같았다.

딸이 청학동에 4박 5일 청소년 수련 활동을 다녀왔다. 집에 도착하자마자 나에게 인사도 없이 다급히 화장실로 달려간다. 세수를 하고 크림을 바르더니 비명 같은 소리를 지른다. 딸의 얼굴이 불에 달궈진 듯 빨갛다. 갈라진 얼굴이 아프다며 얼빠진 사람처럼 뒹굴고 있었다.

  수련활동 중에 얼굴에 바르는 크림이 4일째 날 떨어졌다. 아침에 모두 줄을 서서 샤워장으로 가는데 강제로 씻을 수밖에 없었다. 씻고 나오자 얼굴이 쩍쩍 갈라지기 시작했다. 예절캠프에서 만두 빚는 프로그램으로 자리를 이동하는 시간이 있었다. 딸은 텅 빈 생활관에 혼자 남아 남의 가방에서 크림을 꺼내 얼굴에 발랐다. 남의 크림을 몰래 바르는 것이 도둑질하는 것 같아 심장이 터지는 줄 알았단다. 캠프 마지막 날에는 같은 일 반복하고 싶지 않아 수건을 물에 담가 얼굴에 덮고 다녔다. 평소에 장난을 좋아하던지라 친구들은 딸이 장난 치는 줄 알았다. 트고 갈라진 얼굴에 젖은 수건이 가당키나 할 일인가. 친구가 "희송아. 너 얼굴 점점 이상해." "응, 별것 아니야~"라고 태연한 척했다지만 얼굴이 땅겨오는 고통을 어찌 견뎠을까. 어린 것이 객지에서 무엇을 할 수 있었을까. 남의 물건에 손댈 때 들킬까 봐 그 작은 심장은 또 어땠을까. 나는 피가 빨려 나가는 것 같았다.

 딸은 손톱깎이에 집착했다. 손톱 밑까지 아슬아슬하게 깎는데 보는 내가 조마조마했다. 과학 시간에 6명이 한 조를 이루어 비커에 용액을 나눠 담는 실험을 했다. 6명의 눈이 딸의 손톱에 집중했다고 한다. 딸의 손톱에 때가 꼈더란다. 딸은 창피해 손가락을 구부리고 비커에 용액을 담았다. 그때부터 손톱을 짧게 깎는 버릇이 생겼다. 딸이 말한 손톱 밑의 때는 수시로 긁느라 생긴 상처의 각질이다. 하루 종일 무의식적으로 온몸을 긁어대니 손톱까지는 안중에도 없었을 것이다. 상상도 못 했던 일이다. 아토피는 예상치 못한 일상까지 침범했다.

 다행히 딸이 중고등 학생 무렵부터 아토피가 많이 호전됐다. 대학교 친구들은 딸이 아토피인 줄 모를 정도다. 하지만 간절기나 겨울이 되면 지긋지긋한 아토피가 끈덕지게 올라온다. 평상시에도 습진이나 포진이 수시로 발생해 연고를 끼고 산다. 하지만 유년기와 비교하면 허물을 벗은 것 같다. 이젠 뽀얀 얼굴에 뾰루지 하나만 생겨도 염증 생겼다며 엄살 부린다.

아토피는 겪어보지 않은 사람은 상상도 할 수 없는 질병이다. 아토피 자살은 심각한 사회 문제다. 비단 피부염의 문제가 아니다. 피부로 인해 대인기피증이 생기거나 우울증 등 정신적 문제도 따른다. 매끄럽지 못한 얼굴은 취업에도 영향을 끼친다. 특히 성격 형성에 중요한 청소년기에 심한 아토피는 더욱 치명적이다. 교복 어깨에 떨어진 각질들은 비듬으로 오해받기에 십상이다. 긁는 행동으로 인해 원숭이냐며 놀리는 학우들의 조롱과 비웃음은 한으로 남는다. 아토피 자살 뉴스를 보면 유독 가슴이 아프다. 우울증을 이겨내지 못하고 자살하기까지의 상황에 이입하게 된다. 참담하다.

아토피는 완치가 없다. 평생 안고 가야할 상처이자 아픔이다. 잠결에 긁다가 칭얼대는 딸이 안타까워 잠든 딸 손에 비닐장갑을 끼워줬다. 딸은 여지없이 비닐장갑을 벗어 던지고 긁었다. 고무줄로 장갑을 묶으면 고무줄을 풀고 긁는다. 아토피는 피부를 넘어 영혼까지 긁어댄다. 딸은 유독 유년기를 혹독하게 겪었다. 허벅지나 오금, 팔이 접히는 군데군데 착색되어 낙인처럼 상흔을 남겼다.

 성인 임에도 다행히 딸은 그 흔적을 치명적인 흉터라 생각하지 않는다. "내 얼굴이 좀 심하긴 했지."라고 덤덤히 말하는 딸이다.

 돌부처는 몸에 낀 이끼를 신경 쓰지 않는다. 딸을 보면 꼭 그런 것 같다.

봄의 전령사

1.

파리한 가지가 곧게 뻗었다.

듬성듬성 성긴 꽃들이 귀하다.

은은히 맑은 향내 피워 먼저 봄기운 몰고 왔다.

만물이 웅크리고 있을 때, 생기가 발현되는 하늘의 뜻을 먼저 알린다. 막 목욕하고 나온 듯 청초하고 산뜻하다. 그저 사랑하는 마음으로 바라만 본다.

이슬 받아 사는 양 단아하고 정갈한 매무새는 흰 모시보다 더 함초롬하다. 말간 얼굴임에도 지극한 향기를 품고 있다. 바람이 일지 않아도 향기가 내게로 왔다.

　매화는 겨울의 삭풍을 두려워하지 않는다. 습자지 같은 꽃잎이 혹한을 극복한다. 눈 속에서도 천연히 꽃을 피운다. 선현들은 흰 눈을 덮어쓰고도 향을 품은 매화를 사랑했다.

　절개와 기상이 드높은 학자들이 눈 속을 헤치며 매화를 찾아다닌 이유기도 하다. 조선 시대 학자인 황희 정승은 임종을 앞두고 제자들에게 말했다.

　방 윗목의 매화 화분을 가리키며 "저 매화에 물을 줘라."라고 할 만큼 매화에 대한 사랑은 유별났다.

　매화는 여러 가지 아칭이 있으나 화괴(花魁)라 하여 꽃의 우두머리라 불린다. 봄을 가장 먼저 알린다는 이유다. 매화는 서리 속에서 더 영롱하다.

　번다함이 없기에 높은 절개와 기상의 표본이다. 뼛골까지 시린 추위에서도 물러남이 없는 기품을 군자의 표상으로 삼았다. 예부터 매화를 기리어 예찬할만하다.

매화는 놀라운 매력이 또 있다.

먼저 부풀은 꽃봉오리를 따서 얼린다. 녹차를 서너 번 우려 마시면 맛이 싱겁다. 이때 대나무 집게로 얼린 꽃 망울 두세 송이를 찻잔에 담는다. 싱거워진 차에 뜨거운 물을 부어 잔에 따르면 신이한 현상이 일어난다.

마치 슬라이드 영상을 보듯 매화가 찻잔에서 꽃잎이 열린다. 눈으로 즐기면서 맛과 향을 동시에 얻을 수 있다. 겨울에도 입안에는 봄이 가득하다.

매화의 품격은 선비다.

희디흰 꽃 속에 덕망 높고 청빈한 선비가 늠름하다. 곧게 앉은 자세로 글을 읽는 아치가 아름다워 한참을 엿본다.

2.

강이 눈앞에 있다.

수백 년을 장승처럼 살아왔을 우람한 노거수. 시린 한기 속에 휑하니 골격만 드러내는 버드나무다. 모든 생명들이 숨죽인 계절에, 부지런한 버드나무는 엷은 연두색으로 실눈을 떴다.

　버들은 봄의 도래를 상징하는 나무다. 봄소식을 먼저 전하는 선구자로 학자나 문인들에게 사랑을 듬뿍 받았다. 버들은 아름다운 여인으로 많이 비유한다.

　윤기나는 긴 머릿결, 미인의 눈썹, 여인의 가는 허리 등, 미인의 대표적인 표상이다.

「중국 초나라 영왕은 버들잎처럼 가는 허리를 좋아해서 나라 안에는 굶는 사람이 많다.」라는 기록도 있다.

　영왕의 후궁들이 경쟁하듯 살을 빼려다 굶어 죽은 사람도 있었다. 이후 영왕의 후궁을 '세요궁(細腰宮)'이라고 불렀다.

　고려 태조 왕건이 장군 시절 우물가의 여인에게 물을 청했다. 행여 급하게 마실까, 염려되어 여인이 바가지 물 위에 버들잎을 띄워 주어 훗날 왕건의 왕비가 되었다는 일화는 유명하다.

버들잎들이 배시시 눈을 뜨고 이른 봄비를 머금으니 무게를 못 이겨 실처럼 늘어졌다. 아주 오래전 누군가는 여기에서 떠나는 사랑을 아쉬워했을 것이다.

그래서 훗날을 기약하고 간절한 마음으로 버들가지를 심었을 것이다. 버들가지의 탄력성 때문에 떠난 사람이 빨리 돌아오라는 염원도 담겨있다.

넓은 그늘을 드리운 나무 아래는 나그네의 쉼터도 됐을 것이다. 고향을 떠나는 사람에게 버들가지 꺾어주고 눈물 훔치던 애틋한 자리였는지도 모른다.

버드나무를 절류(折柳)라고 하는 풍습이 있다. 중국에서 전래된 것이다. 버드나무는 척박한 땅에 던져놓아도 스스로 잘 자랄 정도로 강인하다.

잎은 뾰족하여 벽사력(辟邪力)이 있다. 그래서 떠난 사람이 정착하여 잘 살라는 주술적인 의미도 있다.

옛날에는 총애 받고 호황을 누렸을만한 버드나무다. 이젠 땅을 쓸 만큼 늘어진 수양버들이 을씨년스럽게 고독하다. 찾는 이도 없다. 얼마 전만 해도 농부들의 새참

이나 점심 먹는 휴식처로 사용되었을 것이다.

많은 사람의 설움과 한을 고스란히 안고 있어 예측할 수 없는 무게에 수많은 가지가 늘어졌나 보다. 이제는 설움과 기다림을 내려놓고 푸르고 무성하게 숭배의 동신목으로 천년을 누리시길…….

3.

누구의 손도 타지 않은 비탈지고 옹색한 터가 있다. 백의의 천사들이 무리 지어 있는 나만의 힐링 공간이다.

소담스러우나 고요한 백목련. 메말라서도 그 기품과 향내는 잃지 않는다. 꽃 피기를 기다리지 못하고 무엇에 홀린 듯 그곳에 갔다.

이른 봄비에 묵은 때를 말끔히 씻어 말쑥하다. 모든 식물이 비몽사몽하고 있을 때 그는 내 바람을 저버리지 않았다. 아직은 진한 갈색의 히잡을 야무지게 돌돌 말았다.

좀처럼 얼굴을 드러낼 마음이 없어 보인다. 봉오리를 삐죽 올리고 있을 뿐이다. 평소에 수줍음도 많고 예민

하여 활짝 드러내지 않고 늘 반쯤은 가리고 있다. 그래서 더욱 신비스럽고 우아한지도 모른다. 향기는 강하지도, 그렇다고 묽지도 않다.

말끔한 자태처럼 향기 역시 청순하고 고아하다. 세속에 물드는 걸 부끄럽게 여겨 꽃송이를 위로 올렸다. 나뭇잎도 마다하고 청빈하게 살아간다. 정중하고 엄숙하다. 모양은 지극히 화려하지만 천박하지 않다.

눈이 시리도록 청렴함이 돋보인다. 뽐내려 하지 않아도 스스로 존귀하다. 곧 틀어올린 히잡을 벗고 꽃봉오리를 피워낼 것이다.

마른 어린 목련 통꽃 세 송이를 유리 주전자에 담는다. 뜨거운 물 한 컵을 붓는다. 물을 먹고 화사하게 핀 백목련 꽃의 아름다움은 격조 있다.

눈에서 기쁨이 일어 행복하고,

입에서 환희를 맛본다.

백목련 꽃차에서만 즐길 수 있는 특별한 풍류다.

비 오는 날

밤새 천지를 가르는 뇌성과 번뜩이는 광채 속에 굵은 빗줄기가 순천을 때린다. 바닥에 구멍이라도 내리는 듯, 작정하고 내리는 소나기가 우악스럽다. 하늘이 무너지는 천둥소리에 잠을 설쳤다.

동천은 황토 먹은 물들이 기하급수적으로 불어나고 있었다. 서로를 밀치고 때리고 솟구치며 광분하는 물살은 가관이다. 자연이 분노하는 듯한 광경에 망연자실한 시민들은 자동차를 갓길에 세워두고 웅성거리며 이를 바라보고 있었다.

통장들의 비상소집에서는 '노인들을 안전한 곳으로 대피시켜라'라는 경보가 전달됐다. 순천에서는 처음 있는 일이다. 동천 물은 산책로를 넘어 야외 특설무대까지 범람했다. 그곳에서 일부 시민들은 뜰채로 물고기를 건져 올리기 바빴다.

서슬 퍼런 강물은 모든 것을 쓸어갈 듯, 광기를 주체하지 못했다. 동쪽 하늘에는 아직도 검은 무사들이 떼지어 호시탐탐 때를 노리며 숨죽이고 있다.

강 건너에서는 자전거 바퀴가 2/3쯤 잠긴 상태로 물속을 달리는 노인이 보였다. 중절모를 눌러쓴 곡예사가 물 위에서 자전거 줄타기 묘기를 벌이는 것 같았다.

주변의 논들은 모두 물에 잠겨 벼들은 잠수했거나 손끝만 물 밖으로 내밀어 떨고 있다.

'저런, 물 위에 떠있는 수상가옥들은 어찌할꼬.' 안타까움에 가슴이 답답했다. 위쪽의 낮은 동천다리를 건널 때는 간담이 서늘했다. 금방이라도 수마가 팔을 뻗어

낚아챌 것처럼 공포스러웠다.

　강조차도 이러한데 상사댐이 걱정되어 곧장 상사로 향했다. 상사와 낙안의 갈림길 초입부터 차량을 통제하고 우회시켰다.

　산사태가 났단다. 돌아서 가다 아래를 내려다보니 산사태가 난 주변은 졸지에 여러 개의 자연폭포가 생겼다. 작은 산마루는 나무들이 물에 젖어 우기의 열대림 같았다.

　그렇게 돌아돌아 당촌 마을을 통해 상사로 진입하는 길이다. 옆으로 보이는 오르막은 휘어진 길로 집집마다 도미노처럼 연결됐다. 내리막으로 쏜살같이 굽이쳐 흐르는 세찬 물은 반들반들한 얼음길을 연상케 했다.

　사방에서 쏟아진 물들이 유입되는 지점에 서 있던 전봇대는 중심을 잃고 쓰러졌다. KT 직원들이 공사 중이다. 도로 아래로는 상사호의 물이 흐르는 내천이다.

　붉은 흙탕물로 넘실대는 속에 잠수교가 보인다.

조금 지나자 중년의 두 형제가 비를 맞으며 삽으로 모래를 긁어모아 담느라 정신이 없다. 언덕을 방패 삼아 길 한쪽에 모래를 쌓아둔 모양이다.

산에서 내려오는 수압에 못 이겨 모래는 쓸려나갔거나 도로에 뿌린 듯 퍼졌다. 가슴 아픈 일이다.

그렇게 산에서 내려오는 빗물은 곳곳에 폭포를 만들고 있었다. 산에서 토사가 흘러내려 황토 땅이 대부분이다. 굵은 소나무도 뿌리째 뽑혀 비스듬히 누운 채 신음하고 있다.

도로 옆 파란색 기와집 담장은 철퇴를 맞은 듯 무너졌다. 높은 담장보다 훌쩍 커버린 백일홍은 철없어 보인다.

상사호가 내려다보이는 정상에 올랐다. 마침 비는 잠시 주춤한 상태다. 상사호의 맑은 물은 아무 일도 없었다는 듯, 잔잔하게 침묵하고 있었다. 주변에는 까치가 종종걸음으로 물을 텀벙대며 한가로움을 즐긴다.

방금까지 내가 본 광경들은 모두 꿈이었나 싶다. 이곳은 고요하고 평화롭다. 촉촉한 앞산에 물안개로 길게 띠를 두른 능선은 수채화 같다.

　다시 순천 시내에 도착했다. 서면에 위치한 마을을 지나는데 가까이에서 거센 물소리가 들렸다. 소리에 이끌린 곳은 송도건설 회사 앞이다.
　파죽지세로 흐르는 물살이 하수구를 지나 곤두박질치고 있었다. 지척에서 회사 건물은 섬이 되었다. 물의 깊이는 가늠할 수 없다. 발밑에서 출렁이는 물속의 아스팔트 길은 접히고 접혀 피아노 건반 같다.
　옆으로는 백오십여 평 남짓한 단감나무 밭이 물속에 잠겼다. 마치 수중에서 키우는 감나무 같다. 열매는 제대로 영글 수 있을까 가슴이 먹먹했다.

　집에 가려면 동천을 지나야 한다.
　일부러 둑길로 왔다. 그땐 강물도 지친 듯 숨을 고르고 있었다. 쓰레기를 무겁게 짊어진 강가의 어린 버드나무들은 모두 등이 휘어 힘겨워 보였다.

강 가운데에 덩그러니 심어놓은 듯한 바짝 야윈 대나무 하나. 댓잎은 물살에 다 떨어지고 끝에만 한 움큼 남아있었다.

그 모습은 마치 목이 긴 브라키오사우르스가 물속에서 모가지를 휘두르며 허우적대는 형상 같았다. 하도 신기해서 한참을 바라보았다.

순천과 보성에 집중적으로 많은 비가 내렸다. 그럼에도 순천에는 인명 피해나 가옥이 파손되는 크나큰 피해는 없었다. 그나마 천행이었다.

사정없이 당했던 어린 농작물들은 탈진해서 몸져누웠다. 농부들은 힘 써볼 엄두도 못 내고 발을 동동 구르며 기도하는 마음으로 지켜볼 뿐이다.

나는 순천에서 20년째 살고 있다. 태생이 전북 내륙에서 나고 자라다 보니 많은 물과 성난 물살을 가까이에서 보기는 처음이다.

그 넓은 강을 꽉 메우고, 쿨럭거리며 내닫는 물은 바이킹처럼 움직이고 있었다. 전투기가 지나간 뒤 남겨진 여운 같은 파동 소리는 몸서리치게 섬뜩했다.

 휘어진 길도 돌아갈 줄 아는 부드러운 물이, 한순간 쏟아지며 모든 걸 쑥대밭으로 만드는 위력에 경악을 금치 못했다.

 억수로 쏟아진 소나기에 비하면 바람이 불지 않아서 피해는 이쪽에서 그친 것 같다. 올 장맛비는 질기도록 푸지게 내렸다.

 그나마 더 큰 피해가 없음에 하늘에 감사하며 위안으로 삼는다.

수월하게 가는 고향

고향에 가서 조상님 뵈려나 보다. 깨끗하게 몸단장하고 머리도 곱게 빗어 넘겼다.

여름에는 주야장천 입고 살던 모시옷을 새로 지어 정갈하게 차려입었다. 선조들을 뵐 때 행여 흙이라도 묻을까, 먼지라도 붙을세라 버선 신고 모자 쓰고 장갑까지 끼고서 머언 고향길에 올랐다. 고향 동무가 있어 어서 가자 이끌었을까? 지체없이 성큼 따라나섰다.

어느 아침, 식사가 끝나고 목욕을 시켜드리니 의자에 편히 앉으셨단다. 마냥 좋아하시고 그대로 숨을 거두셨다 한다. 뭐가 그리 바빴는지, 가족들에게 안부도 남기지 않은 채 배웅을 마다하고 고향으로 무작정 떠나셨다.

작은아버지는 아홉 남매 중 여섯째이고 공무원이었다. 고집은 셌으나 성품은 정이 많고 노래를 아주 잘 불렀다. 술과 노래를 좋아하다 보니 주변에는 늘 사람들이 북적거렸다. 분위기를 주도하는 그 끼가 최고였다.

신바람 난 풍류를 즐기며 후회 없는 삶을 사셨다. 집안 행사에는 마이크 잡고 진행을 할 만큼 재치와 유머가 뛰어났다.

아버지의 집안 식구들은 우애가 남달랐다. 작은아버지는 짬짬이 형들과 여동생들의 집을 순회하셨다. 꼭 맛있는 간식들을 챙겨오셨던 방문은 우리 남매에게 일종의 이벤트였다.

작은아버지는 유달리 나를 예뻐하셨다. 어느 날, 둘째 오빠가 투망으로 물고기 잡으러 가시는 아버지를 따라나섰다. 메기, 빠가, 망둥어, 가물치. 처음 보는 물고기들이 신기하고 재밌었단다.

오빠는 동생인 우리에게 물고기 이름을 붙여주었다. 큰오빠와 본인만 쏙 빼고, 말이다. 그렇게 붙여진 내 별명은 빠가다. 무슨 우연인지 작은아버지의 별호도 빠가였다.

그래서 작은아버지가 우리 집에 오실 때면 짓궂은 언니는 매번 나에게 "야 빠가새끼 네 아버지 오셨다."라고 언죽번죽 놀리곤 했다. 작은아버지는 슬하에 육 남매를 두었음에도 나를 각별하게 총애하셨다.

용돈을 많이 주셨기 때문에 나는 남매들에게 시기 질투와 부러움을 받았다. 작은아버지가 퇴직하기 전까지의 일이다.

퇴임 후 얼마 안 되어 공직에 있던 작은아버지의 큰아들이 뇌물을 받고 자리에서 물러나게 되었다. 그러자 큰아들은 술과 노름에 빠져 폐인이 되었다.

결국, 빚을 몽땅 안고 집안은 풍비박산됐다. 큰아들은

쥐도 새도 모르게 은둔하고 말았다. 결혼해서 가정도 꾸렸으나 안중에도 없었다. 대부업자들이 들이닥치자 작은아버지는 그제야 사태의 심각성을 느꼈다.

어느 부모가 자식의 어두운 장래를 지켜만 볼 수 있겠는가. 퇴직금 털고 대출받고 논까지 팔아 아들을 다시 재건시켰다. 그러나 작은어머니가 정을 못 붙이고 가출이 잦았다.

작은아버지는 결국 모든 의욕을 상실했다.

어느 날 작은아버지에게 평생 씻지 못할 분노가 폭발하는 사건이 발생했다. 끼니도 거르며 방황하는 남편을 상대로 작은어머니가 무서운 공작을 꾸몄다. 작은아버지를 꾀어 남은 전답을 몽땅 본인 명의로 등기이전해놓고 잠적을 했다.

작은아버지는 미치광이처럼 자제력을 상실했다. 작은어머니는 추악한 욕심으로 작은아버지를 붕괴시켰다.

그즈음 작은아버지에겐 체면과 위신 따윈 사치였다.

다른 세상 사람처럼 바뀌었다. 두텁던 우애도 헝클어졌다. 유독 우리 아버지를 어려워하고 잘 따랐다. 이젠 어느 누구의 충언도 귀 기울이지 않았다.

별빛을 등불 삼아 정처 없이 거리를 배회했다. 때로는 들짐승처럼 포효하고 진피를 부려 자식들에게 물의를 빚기 일쑤였다. 자식들이 작은어머니와 내통하고 있는 것에 대한 응징이었다. 작은아버지는 피폐한 삶을 살았다.

작은아버지는 퇴직 후에 큰 자동차로 바꿔 형제들과 전국을 유람하며 여생을 보내겠다는 포부가 있었다. 끝내 이루진 못 했다.

작은아버지의 애마인 지프는 주변 사람들의 공용차량이었다. 작은아버지는 퇴근길에 마을 사람이나 지인을 만나면 언제 어디서든 그들을 태워 집에 데려다 주어야 직성이 풀렸다.

옛날 시골에는 버스가 보기 드물었다. 보따리를 이고 엄동설한이나 뙤약볕에 시오리 길을 걸어 다니던 팍팍한 시절이었다. 작은아버지의 선행은 그들에게 고마운 은인이었을 것이다. 주위 사람들에게 평소 베푼 공덕이 커서일까. 주변 사람들은 추레한 작은아버지를 가엽게 여기고 살뜰히 챙겼다.

동네 정자에서 주민들이 건네주는 음식을 먹고 술을 마시며 질펀하게 잠자는 무력한 일상을 보냈다. 내 친정과 막내 고모네를 전전하며 한 끼로만 주린 배를 채우고 술로 밥을 대신했다.

위태롭게 막살던 작은아버지는 결국 전주병원에 입원하셨다. 그 소식을 듣고 작은아버지께 전화를 하고 뵈러 갔다.

작은아버지는 전화 받은 즉시 휠체어에 몸을 싣고 엘리베이터 앞에서 서너 시간을 기다렸다. 내가 도착할 시간 맞추어 나오자 해도 동상처럼 굳어서 꼼짝도 하지 않으셨단다. 그 뒤로 나는 기별 없이 병원에 다녔다.

작은아버지의 건강하지 못한 생활은 계속됐다. 그러

니 병원에 입원하는 일이 빈번했다. 어느 날 익산 병원에 작은아버지를 뵈러 갔다.

"집이가 정희여? 정희를 그렇게 찾더니만 집이가 겁나게 보고자펐는가벼."

병실 사람들이 한마디씩 했다.

"딸헌티도 정희만 찾더랑게."

작은아버지 보호자로 상주하고 있던 사촌 동생이 말을 건넸다. 뭐라 알아듣기 힘들게 누굴 찾는데 나중에는 언니를 찾는 것 같아서 "정희 언니가 보고 싶어요?"라고 묻자 고개를 끄덕이면서도 "정희한테는 연락하지 마라"는 당부를 하셨단다.

당신의 자식들보다 나를 더 예뻐하셨던 작은 아버지께 난 받고만 살았다. 정말 그랬다. 그동안 작은아버지께 소홀했던 미안함이 밀려왔다. 그리도 좋아하시던 소주를 함께 마시며 웃어본 적 있었던가. 나는 때늦은 회한으로 우는 것도 염치없어 소리 없이 눈물만 흘렸다.

사촌 동생이 작은아버지를 깨우자 버겁게 눈을 뜨셨다. 그리고 빼꼼히 올려보시고 그제야 "너 왔구나. 근디 왜 울어. 내 생전에 널 못 보면 죽어서라도 볼라했다." 하시며 어린아이처럼 엉엉 우셨다.

나는 작은아버지를 붙들고 기력을 모두 소진할 만큼 오랫동안 울었다. 그것이 작은아버지를 생전에 본 마지막 모습이다.

그리고 얼마 후, 추운 겨울에 술 마시고 찬 방에서 주무시다 구안와사가 왔다. 구안와사는 회복되지 않았고 중증 치매로 전환됐다.

치매가 와서야 작은아버지는 온전한 모습으로 정착했다. 세상의 영고성쇠는 안중에도 없었다. 작은아버지의 어릴 적 모습이 그랬으리라. 온순하고 해맑은 아이.

그렇게 여러 해를 맑게 살다 고향길에 오르셨다. 텅 빈 마음으로 당당하게 조상님들 뵐 채비를 하지 않았나 싶다. 생전에는 위아래 주머니에 무언가를 잔뜩 넣어

다니던 작은아버지였다.

 마지막엔 주머니 없는 고운 모시옷을 입었다. 옷핀 한 개 없이 손바닥을 편 채 모두 내려놓고 가셨다. 맑고 고운 모습은 마치 천사 같았다. 고난 없이 수월하게 도착하셨나 보다. 얼굴은 너무나 온화하고 평온했다.

 모시로 눈 덮고 귀도 막고 숨조차 쉴 수 없게 코와 입을 감쌌다. 무슨 힘이 있다고 발버둥 치지 못하도록 손발까지 둘둘 말았다. 꽁꽁 묶여갈 만큼 큰 죄를 지은 일이 없거늘, 포승줄에 묶여 꼼짝없는 모습은 너무나 가슴 아팠다. 얼굴을 모시로 감고 또 싸매도 한 줌밖에 안 된 작은 얼굴에 나는 욱신거렸다.

 작은아버지는 작은어머니를 용서하지 않았다. 작은어머니는 끝내 지은 죄를 사면 받지 못했다. 그럼에도 지아비를 여읜 아낙의 설움 같은 것은 없었다.

 고향길에 오른 서방님을 멀거니 배웅할 뿐이다. 염치나 뉘우침은 없었다.

나는 작은아버지가 따뜻하게 지내시길 염원하며 황토로 덮어드렸다.

작은아버지가 계신 고향에는 곧 숲이 울창하고 꽃이 사철 피는 꽃동산일 것이다. 타향에서도 틈만 나면 마을 구석구석까지 꽃과 나무를 심었으니 말이다.

작은아버지의 고향 진입로부터 줄지어 늘어선 포플러 나무가 그려진다. 여기에는 작은아버지의 유산이 무성하여 반짝인다.

3

○○신경외과에서는

 더위가 농익어가는 뜨거운 여름도 노인들의 부지런한 지성에는 잠시 뒤로 물러나 앉았다. 열기를 식히듯 두꺼운 구름이 한자락 그늘을 내주었다.

 새벽부터 서둘러 접수하러 오신 어른들이 ○○신경외과에 들어가려면 네댓 층 계단을 올라야 한다. 순서대로 차곡차곡 계단에 앉아있는 풍성한 모습도 볼거리다.

 도로를 달리는 자동차들은 피에로이고 계단은 관람석이다. 바깥 공연에 흥미 없는 관객들은 목을 빼고 의사 선생님의 등장만을 기다릴 뿐이다.

○○신경외과에는 맑은 얼굴에 더없이 인자해 보이는 원장님 외 8명이 근무한다.

더운 여름이건만 분위기는 원장님만 제외하고 겨울산의 바람처럼 건조하고 차갑다. 하루에 환자가 무려 200여 명까지 내원을 한다. 환자들로 북새통을 이루는 병원은, 퍼내도 다시 채워지는 옹달샘 같다.

직원들은 마치 가운 입은 로봇처럼 규칙적으로 움직인다. 다만 원장님은 달랐다. 환자가 상담하러 들어가면 반드시 일어서서 공손하고 극진하게 인사한다. 내가 당황해서 멋쩍을 정도였다.

상투적인 친절이 아니었다. 심성에서 우러난 진솔함이 묻어났다. 환자가 아닌 귀인을 대하는 자세로 모든 환자에게 시종일관 똑같은 모습이다.

오랜 시간 기다리는 환자들을 위한 주전부리로 커다란 통에 분말 호박죽이 마련됐다. 환자의 대부분이 노인들이다 보니 허기를 채우라는 배려 있고 속 깊은 정이 통에 가득 채워져 있다.

그간 얼마나 많은 환자가 다녀갔는지 기물들이 말해준다. 합성가죽으로 둘러싼 물리치료 침대 시트는 낡아서 속살이 드러났다. 얼마나 긴 세월을 사용했으면 이 지경까지 되었을까.

군데군데 노란색 테이프로 덕지덕지 붙이고, 또 덧대어 도배를 했다. 온찜질팩조차 오래되고 낡아서 뒷면은 너덜너덜하다.

그저 웃을 뿐이다. 심지어 화장실의 변기 뚜껑마저 없어서 공중화장실 변기보다 못하다. 그러나 시멘트 바닥은 물 청소로 말끔히 되어있고 정갈했다. 병원에서 뚜껑이 떨어져 나간 변기는 처음 봐서 웃음이 나왔다. 옆 칸에 있던 할머니가 신경질적으로 투덜거린다.

"으이그, 각시는 돈 벌어서 다 어디에 써. 눈으로 보고 변기라도 고쳐야제."

이 변기뿐만 아니라는 생각이 들어서 어깨가 들썩이

도록 크게 웃었다. 모든 기물들이 아주 오래된 골동품 같다. 투박스러운 사물의 홈집 하나하나는 병들고 지친 삶들의 흔적이다.

  이끼처럼 달라붙은 손때는 그들의 애환이다.

  다른 병원에서는 상상도 못 할 일들이 ○○신경외과에서는 일상이다. 물리치료실에 들어서면 그 광경에 한 번 더 놀란다. 길게 줄지어 누워있는 환자들은 마치 강을 건너는 인간 다리 같다.

  폭이 좁은 돌침대를 두 개씩 붙여놓아 편안한 자세로 누우면 팔이 옆 사람과 맞닿을 정도로 옹색하다. 자투리 공간에 한 사람 다닐 여백만 남겨놓고 머리맡에까지 침대를 배치해 공간을 최대한으로 활용했기 때문이다.

  이곳 침대에는 여름 열기와는 다른 온기가 있다. 환자가 아파하는 부위별로 핫팩을 감아주는 특별함도 있다.

  ○○신경외과에서는 하루에도 별난 일과 우스운 일들이 많다. 다양한 볼거리들로 참 재밌다. 인상이 깐깐한

할머니는 저잣거리에서 상인들과 흥정하듯 한다.

몇천 원 하는 치료비를 깎아 달라며 당당하게 큰소리치고 생떼 부리기도 한다.

"원장님이 봉(벌)침 비를 안 받았는데 그 마음도 모르고 꼭, 얘기를 해야 알아요? 언제 우리 원장님이 병원비를 비싸게 받아요?"

말에 힘을 실은 간호사가 짜증난다는 듯 퉁명스럽게 받아친다.

"그려? 말을 안항께 모르제."

조금은 누그러졌으나 고맙다는 인사도 없이 뒤로 빠지는 걸 보니 한두 번이 아닌 듯싶다. 이 할머니뿐만이 아니다.

내 옆에 누워있던 할아버지는 밑도 끝도 없이 대뜸,

할아버지: 치매 없어? 치매?

물리 치료사: 네?

할아버지: 치매, 치매

물리치료사: 치매요?

할아버지: 응, 치매

물리치료사: 아~ 치마요

할아버지: 응, 그려

나는 웃음 참기가 어려운데 남자 물리치료사는 익숙한 듯 덤덤하다. '치마를 치매라고 말하면 어떻게 알아?'라고 중얼거리며 지나갈 뿐이다. 물리치료를 하다보면 바지를 내리는 경우가 있는데 치마로 덮어서 가리려고 했던 것이다.

물리치료실 밖에서는 한바탕 소란이 있었다. 핫팩을 깔아주던 물리치료사 김 선생은 앙칼진 목소리로 한마디 한다. "아무리 그렇다고 그렇게 뭐라고 해요?"라고 하니 "그랑께 한 동네서 넷이 와서 나가 먼저 접수했는디, 나중 온 학당리떡을 먼저 부릉께 그라제. 그라믄 쓰것써?"라고 기죽은 목소리가 들린다. "어차피 나란히 치료하고 갈건데 그렇게 소리 질러요?" 할머니는 그녀에게 된통 당하면서도 너스레를 떤다.

핫팩이 뜨겁다며 지나치게 성가시게 구는 할머니가 있는가 하면, 천연덕스럽게 거짓말을 하며 새치기를 하는 할매도 있고, 별 간섭 다 하며 구시렁대는 할멈도 있다. 고요한 나뭇잎파리를 일깨우고 지나가는 바람이려니 치부할 수도 있으나, 그녀는 매번 풀쐐기처럼 쏘아붙인다. 얼마나 시달렸을지 짐작하니 안타깝다.

물리치료사 김 선생은 가장 나이가 어려 보인다. 키가 작지만 활달하고 다부지며 앙칼진 데가 있다. 본인이 하고 싶은 말은 꼭 해야만 직성이 풀리는 것 같다.

논리적이고 말솜씨가 유려한 우리 딸과 닮았다. 환자들이 사리에 밝지 못하면 맞서거나 나무라는 것을 보면 영락없는 규율반장이다.

시설은 최신, 서비스는 친절히 하는 것이 요즘 병원들 추세다. 그러나 ○○신경외과는 반대다. 직원들은 그다지 친절하지가 않다. 보이는 모든 시설은 유기되고 방치된 것처럼 낡고 허름한 것들이다.

꼭 문명에서 낙오된 오지의 자연을 닮았다. 그마저도

정이 느껴지는 것은 원장님의 박애 정신 때문일 것이다.

벌집 쑤셔놓은 듯 북적대던 하루가 어느새 청정한 바람에 안개가 걷힌 것 같다. 휴식 같은 침묵이 흐르자 잔잔한 풍경이 되었다.

환자들은 나이가 많다 보니 어른 행세하려는 경우가 태반이다. 반면에 자신을 낮추고 소통하는 백현 원장님은 큰 어른이다.

매일 벌어지는 전쟁 같은 소동에서 한결같이 평온하고 상냥하다. 톱니바퀴처럼 반복되는 일상에도 싫증 내지 않고 흔들림 없이 온화함을 유지하려면 내면이 얼마나 단단해야 할까. 저만치 앞에 있는 나의 노년에는 염치를 분별할 줄 알고 역정을 삭일 줄 아는 지혜로운 사람이 되기로 마음을 다잡는다.

먹먹하고 또 희망으로 웃음도 짓고, 소란했던 삶을 함께 품고 저물어간 하루였다.

아버지의 풍선

1960년대 한적한 시골 어느 봄날.

칡꽃처럼 작고 보랏빛 향기가 나는 아이가 있다. 아이는 장롱 서랍 속 한 귀퉁이에서 이상한 풍선을 찾아냈다. 위대한 발견이었다.

그 시절에는 먹을거리와 장난감이 모두 한정되었다. 공기놀이, 머리핀 따먹기, 공치기 말고는 딱히 놀잇감이 없었다.

풍선은 더욱 귀했고 그나마 있던 풍선은 얇고 질감이 허술했다. 풍선을 부는 도중에 터지는 게 부지기수이다.

제대로 된 풍선마저도 몇 시간을 넘기지 못했다. 그러나 아이가 발견했던 그 마법 같은 풍선은 질기고 여물어서 몇 날 며칠을 가지고 놀아도 끄떡없었다.

그 풍선으로 동네 아이들의 부러움을 샀다.

풍선의 모양새는 우스꽝스럽게 생겼다. 주둥이는 몸뚱어리와 통으로 연결됐다. 넓은 주둥이는 밖으로 말렸고 앵두만 한 작은 혹 하나만을 기둥처럼 세우고 납작 엎드려있었다.

남의 손 타는 것조차 기껍지 않은 듯 기름진 몸통에 비린내를 풍기며 경계했다. 그러나 아이는 그조차도 마다하지 않고 풍선 놀이에 흠뻑 빠졌다.

기묘하게도 풍선의 중앙에 돌출된 부분은 아무리 노력해도 바람에 부풀지 않았다. 엄마의 젖꼭지를 닮은 꼭지를 빠는 즐거움은 갓난아기로 돌아가는 기분이었다.

풍선은 주둥이가 탱글탱글하게 돌돌 말려서 바람을 넣는 대로 쭉쭉 펴졌다. 풍선이 얼마나 여물고 커다란

지 아이의 허리보다 더 살찌고 팔뚝 길이보다 더 길었다. 참으로 신기했다.

요술램프에서 비단실이 술술 나오듯 풍선을 원하는 대로 쓸 수 있어서 더 행복했다. 풍선으로 칼싸움이나 박치기를 해도 아프지 않았다. 얼마나 튼튼한지 터지지도 않았다.

마법 같은 풍선을 얻은 기쁨은 새 옷을 입을 때보다 더 오래갔다. 먹는 즐거움도 잊을 만큼 풍선에 빠졌다. 풍선을 높이 쳐들고 동네를 내내 쏘다녀도 지칠 줄 몰랐다.

바람 빠진 풍선은 말랑말랑해서 배로 깔아뭉개도 유연했다. 그 무엇과도 비길 수 없는 최고의 장난감이었다. 풍선의 빛깔은 요염하기 그지없었다.

노을빛의 끝자락에 뭉게구름을 섞어놓은 듯한 오묘한 색이었다.

자두만 한 아이의 주먹이 풍선 묶은 실을 쥐가 나도록

쥐고 다닌다. 힘에 부쳐 손바닥을 펴자 풍선들이 제각기 흩어졌다.

하늘에 높이높이 오르는 풍선, 앞집 중호네 울타리 탱자 가시에 찔려 터진 풍선. 아이는 발을 동동 구르며 지칠 때까지 울었다. 풍선은 딱총 소리보다 더 큰 굉음을 내며 터졌다. 요란한 소리에 몰려든 동네 아이들마저 덩달아 풀이 죽었다. 아이는 시든 꽃잎처럼 시무룩했다.

실하면서도 가볍고 질긴 풍선 뭉치를 들고 폴짝폴짝 뛰면 날아오를까. 죽을힘을 다해 달리면 날아오를까. 바람 부는 높은 언덕에 올라 뛰어내리면 날아오를까. 흥건한 열정으로 엎어지고 또 뒹굴면서도 앳된 꿈은 하늘을 나는 것이었다.

하지만 시간이 흐를수록 점차 아이의 꿈은 시들해지고 시름에 잠기었다. 마침 라일락 꽃나무에 예쁜 새가 아이의 코앞에 앉아있었다.

아이가 그동안 보고 자랐던 새라고는 흔하디흔한 참

새, 드물게 보이는 꿩, 뜸부기, 산비둘기가 고작이었다. 그러나 눈앞의 화려한 색으로 치장한 새는 아이의 또 다른 상상력을 가동시켰다.

목소리는 꼬마 요정들이 주단 위에서 널뛰기하는 것처럼 환상적이고 백합처럼 향기로운 소리였다.

아이는 신비로움에 넋을 잃었다.

그때 아이는 전구가 켜지듯 생각이 번뜩 떠올랐다.

죽어 다음 생에 태어나 저처럼 특별한 새가 되는 것이다. 이쁜 새처럼 마음대로 하늘을 날며 유영하고 싶었다. 덤으로 예쁜 목소리까지 얻을 생각에 들떠 있었다.

어떻게 죽어야 할까? 생각에 파묻혀 고민하다 굶기로 했다. 얼토당토않은 아이의 계획은 끝내 배고픔을 견디지 못했다. 그러나 새가 되고 싶은 마음은 청소년기까지 사그라지지 않았다.

풍선을 타고 하늘을 나는 꿈을 꾸던 아이가 40여년이 지난 훗날에야 그때 그 풍선으로 꿈을 꾸었다는 것이

어처구니없는 생각임을 깨달았다. 내 아이들이 그 시절의 아이보다 훌쩍 커버린 뒤에야 요술 같은 풍선이 피임기구라는 것을 알았다.

아버지는 여섯째인 막둥이를 끝으로 정관수술을 하셨다. 쓸모가 없어진 아버지의 풍선은 아이러니하게도 나를 꿈꾸게 하는 이정표가 되었다.

불가능할 것 같았던 꿈이 현실이 되어 이제는 하늘을 날고 있다. 세계 여러 나라를 여행할 수 있는 기술과 문화가 발달된 풍족한 세상에 살고 있는 것이다.

하지만 나는, 어린 시절에 갇혀 멈춰있다. 꽃 같은 추억이 숨 쉬고 있을 뿐이다.

도랑에서 텀벙대며 우렁이 잡고 털게 잡던 기억. 등굣길에 가끔 소달구지 태워주신 태수네 아버지. 온 동산을 헤집고 다니며 메뚜기 잡고 삐비 뽑아먹던 추억.

눈 쌓인 날이면 이름 모를 묘지 위에 올라가 비닐 비료포대 깔고 썰매 타던 눈썰매장. 아이스케키 양푼에

사 들고 달음박질하던 기쁨.

그때는 발가벗고 뛰놀아도 흉이 되지 않았던 전래 동화 같은 풍경이었다.

시기 질투하지 않고 순박하게 살던 박꽃 같은 사람들. 궁핍한 생활에도 퍼서 나누어주던 넘치고 훈훈했던 마음들. 북적대며 김장하는 날이면 온 동네 김치를 배달하며 뜀박질하던 따뜻한 정과 추억들이 역사에 묻히었다.

가슴이 뻐근하다. 마당에 멍석 깔고 수제비 먹던 풍취, 아랫목이 까맣게 탔던 구들방의 겨울이 그립다.

이제는 그 흔적들이 나이테처럼 지워지지 않는다. 그토록 날고 싶었던 꿈이 현실이 된 지금, 나는 오히려 아버지의 풍선을 가지고 놀며 꿈꾸었던 그 순수한 시절이 그립다. 깊은 잠에 빠졌다가 깨어난 것처럼 아련하다.

별을 가슴에 품듯, 파란 하늘에 혼곤히 적신 낭만의 추억이 아득하게 퍼진다.

율곡이

해가 저문다.

솔 끝에 살짝 걸터앉은 달이 바람에 흔들린다.

"누나 나는 매를 무지하게 맞고 컸어요."

"어떻게 살았는지 모르겠어요."

"내가 고집이 센 것도 있었지만, 영문도 모르고 매를 뒈지게 맞았어요."

"그 어린 것한테 탱자나무를 끊어오라 해서 끊어다 주면 탱자나무가 부러질 때까지 맞았다니까?"

생살을 뜯어내는 그의 고백에 심장이 쿵 내려앉았다.

탱자나무는 성질이 단단하고 질겨서 쉽게 부러지지 않는다. 송곳처럼 길고 날카로운 가시는 쉽사리 접근할 수 없도록 공격적으로 무장돼 있다. 칼로 자를 수 없다. 낫으로 쳐서 베거나 톱으로 잘라야 한다.

그녀는 어린 자식에게 왜 굳이 버거운 탱자나무 매를 만들어 오라 했을까. 그것도 한두 개가 아니라 서너 개씩. 조막만 한 손으로 가시에 찔려가며 직접 매를 만드는 기분은 어땠을까.

매번 그의 할머니가 울부짖으며 그녀에게 덤비거나 매가 모두 부러져야 매타작은 끝이 났다. 그녀가 자식에게 매를 들 때면 여지없이 삭풍이 지나갔다. 유약했던 어린 자식에게 횡포를 부리고 나면 그녀는 분이 풀렸을까?

그녀는 시할머니, 시어머니의 층층시하에 철딱서니 없는 시누이와 함께 살았다.

시누이는 결혼해 서울에 살면서도 문지방이 닳도록

친정을 넘나들었다. 시누이는 노름에 빠진 데다 사치가 심했다.

 돈이 떨어지면 갓난아기를 업고 엄마에게 쪼르르 달려왔다. 그런 시누이를 말리는 이는 아무도 없었다. 시누이의 오빠인 그녀의 남편 역시 매번 꿀 먹은 벙어리다. 걸어 다니는 장승일 뿐이다. 시누이를 막을 자 없는 집안에서 홀로 감내하며 살아온 그녀는 역정을 내며 머리를 싸매고 드러눕기 일쑤였다.

 그녀는 울분과 한을 푸는데 여리고 무른 아들을 액받이로 삼았다. 애꿎은 어린 자식은 영문도 모르고 표적이 됐다. 딸들에게는 알곡(곡식)이라 부르면서 정작 아들한테는 쭉정이라며 무시했다.

 쭉정이라는 속칭이 마르고 닳도록 불리며 구박받던 그는 외로운 세상을 어떻게 견뎌냈을까. 반항조차 할 수 없는 아이는 서글픈 세월에 묻혔다. 그렇게 기대도 희망도 없는 삶 속에서도 그의 몸뚱어리는 자랐다.

어느 날, 엄마에게 말대꾸했다는 이유로 아빠에게 뺨을 맞았다. 두꺼비 같은 손이 느닷없이 날아와 따귀를 후려쳤다. 그 질긴 시간을 숨이 넘어가도록 엄마에게 매를 맞아도 강 건너 불구경하듯 먼 산만 바라보던 아빠였다. 그렇게 무심한 아빠가 엄마 역성을 든 것이다.

부아가 치밀고 심장이 터질 것만 같았다. 폭력이 난무하는 냉소적인 집안에서 더는 살 수 없었다.

책가방을 메고 드디어 집을 나와보니 막상 갈 데가 없었다. 아는 곳이라고는 엄마, 아빠와 노동을 함께 했던 밭밖에 없었다. 너무 익숙한 그곳에서 빈둥거리고 있었다.

때마침 작은엄마가 오셨다. "너 학교 안 가고 여기서 뭐해?"라는 말에 어쩔 수 없이 학교에 갔다. 그 순둥이가 할 수 있었던 최대의 반항은 여기까지였다.

매섭고 독한 엄마는 아들을 공감해주거나 이해하려 하지 않았다. 이미 그의 마음은 덧났고 미움과 분노는 주체할 수 없었다.

이 지옥에서 벗어나기만을 학수고대했다. 그는 군대 입대를 하면서 등골이 오싹한 생지옥에서 탈출할 수 있었다.

"어렸을 때 맞은 기억은 지금도 잊히지가 않아요. 너무너무 모질고 우악스럽게 때린 엄마가 계모가 아닌가, 하고 의심까지 했다니까? 국민학교(초등학교) 입학하기 전부터 거머리 뜯겨가며 고사리 손으로 모심기를 했어요."

"진짜? 애기가 뭘 안다고."

"아, 누나 왜 그려? 아빠랑 작은아빠가 양쪽에서 줄 잡고 있으면 내가 모 심었다고. 누나 믿겨져?"

지금까지도 아프고 생생한데 잊힐 수 없을 것이다. 그는 직업상 범죄자들을 많이 다뤄서 그런지 들뜨지 않았고 흥분하지도 않았다. 다만 단호한 그의 목소리에서 바위에 짓눌린 아픔이 전해졌다.

몸이 기억하는 상처는 지워지지 않는다. 비정한 엄마는 자식이 내지르던 통곡소리를 들으려 하지 않았다.

엄마의 자애로움은 상실한 지 오래다. 그저 자식을 멸시할 뿐이다. 그렇게 서리 맺힌 아이는 여전히 탱자나무 가시덤불에 갇혀있다.

그는 한 맺힌 가슴에도 불구하고 동네방네 소문난 효자로 유명하다. 그는 부모님의 병원치료에 상비약, 보약까지 틈틈이 챙긴다.
"누나 나는 부모님한테 애정이나 효는 눈곱만큼도 없어요."
"부모님한테 정이 없는데 어떻게 그렇게까지 잘할 수 있어?"
"잘하는 것도 없지만, 그냥 하는 거요. 부모님은 연세도 드셨고 나는 자식이니까 그냥 하는 거죠."
짧고 굵은 그의 탄식에 나는 가슴이 베이는 것 같았다. 그는 의무감으로 등 떠밀려 하는 행동은 효심이 아니라고 부정한다.
그러나 넉넉한 용돈에, 물심양면으로 보살피는 마음

은 분명 효자다. 그냥은 이렇게까지 온 정성을 다 쏟을 수 없다.

 삶과 죽음의 경계를 허물고 싶은 충동도 많았단다. 그 사무친 세월을 견디고 버텨서 그는 경찰이 되었다. 대통령 표창장을 포함해 상을 셀 수 없을 만큼 많이 받은 모범 경찰관이다.
 지성과 인격을 갖춘 유능한 엘리트다. 여물고 단단한 그는 자신을 곧고 바르게 세워 경찰관의 소임을 다하고 현재는 명예퇴직을 앞두고 있다.
 그는 훤칠한 자태와 수려한 외모를 갖추었다. 성품이 온화하고 곧아 푸르른 소나무처럼 흔들림이 없다. 마치 백합처럼 화사하여 미소년 같다.
 부모님을 봉양하고 형제들과 우애가 돈독하여 집안을 화목하게 이끈다. 가정에 충실하고 처갓집의 대소사까지도 모두 책임지며 일사불란하게 돕는다.
 지난 설에는 마땅한 직업이 없는 우리 딸에게 통 크게

70만 원의 용돈을 선뜻 쾌척했다. 그렇다고 매사에 공치사하거나 우쭐대지도 않는다. 성냄은 물론 구겨진 표정을 단 한 번도 보지 못했다.

늘 생글생글 웃는다. 가지런한 행실에 점잖고 의로운 사람으로 흠이 없는 보기 드문 문화재감이다.

워낙 성품이 어질고 정이 많은 그는 내 고종사촌 동생이다. 동생에게 끈질기고 가혹하게 패악을 부린 사람은 놀랍게도 나의 고모다. 고모가 동생에게 게걸스럽게 하는 욕은 많이 들었다.

그러나 매를 든 모습은 한 번도 본 적이 없었다. 한동네 사는 고모 집은 우리 집에서 이어진 골목길 모퉁이를 돌아 개망초 쑥대밭 끄트머리에 있다.

우리 집에서는 돼지 멱따는 소리를 질러도 들리지 않는 거리다. 늘 고모에게 두들겨맞던 동생은 언제나 그늘에 가려진 잎사귀처럼 어둡고 웃음기 사라진 아이였다. 나는 동생의 애통함을 알아채지 못했다. 그리고 보

니 개구지게 웃는 동생의 얼굴은 기억이 나질 않는다.

 나는 잠시 숨을 고른다. 유년시절에 받은 사랑은 평생 잊히지 않는다. 핍박 역시 가슴에 뿌리내린 바위와 같다. 아무리 미숙한 어린이도 사람이다.

 그럼에도 고모는 손아귀에 있는 어린 아들을 업신여기고 학대했다.

 왜 그랬을까? 그래야만 속이 풀렸을까? 그간 어른스럽지 못했던 고모의 처세에 나는 갈등이 생긴다. 한 맺힌 동생의 설움을 고모에게 알려 사과를 이끌어 내야 옳은가. 그른가.

 덜컥 겁도 난다. 고모에게는 섣불리 꺼낼 수 없는 지난 이야기다. 그러나 아들의 찢겨진 가슴을 봉합할 수 있는 고모의 선택이 남아있다. 부끄러운 과오를 참회하고 진정성 있는 사과를 하는 것이다.

 고모는 더없이 인자한 모습으로 당신 스스로 도덕적이고 교양 있는 사람인 줄 안다. 그러나 책임질 일이 생기면 금세 회피하는 분이다.

그러니 자존심이 강한 고모가 조카인 나에게 치부를 보였다는 것을 오히려 남사스럽게 생각할 것이다. 고모가 입버릇처럼 자랑하던 아들의 불편한 진실로 아들과의 관계가 악화될 수도 있다. 분명 몸져누울지도 모른다.

나는 의문이 생기지만 평생 죄책감 없이 일상으로 살아온 고모가 생경하다.

"누나도 많이 맞고 컸지?"

우리 아버지는 근엄하고 엄격하신 분으로 소문이 자자하다 보니 응당 매질했을 것이라고 동생이 단언한다.

"아니, 우리 아버지는 곧 법이었으니까 우린 숨죽여 살았지. 모두 온순했어. 그래서 야단도 안 맞고 컸어."

"그려?"

동생은 깜짝 놀란다.

"외삼촌은 워낙 무서운 분이라 많이 때린 줄 알았네. 나는 내가 맞고 커서 누나도 당연히 맞고 큰 줄 알았지."

동생과 친했던 나는 상상도 할 수 없었던 말에 심장이 욱신거린다.

흠씬 두들겨 맞고 남몰래 슬픔을 꾹꾹 누르며 서럽게 잠들던 동생의 고독. 동생은 차곡차곡 지층처럼 쌓인 질곡의 세월을 그렇게 보냈다. 절박하고 험준했던 고된 삶을 투정 없이 묵혀둔 동생의 근기에 경의를 표한다.

정말 훌륭한 내 동생이다. 동생의 마음을 만질 수만 있다면 내 손이 닳도록 쓸어주고 싶다. 어린 시절로 박제된 동생의 가슴에 뭉근한 숨이 잔잔히 번질 때까지.

부모는 밑도 끝도 없이 애꿎은 아들에게 몽니를 부렸다. 그럼에도 아들의 인내와 분별력은 지혜롭다. 자신을 학대한 사실은 인지하되, 자식으로서 부모님을 위한 섬김은 구별하는 것이다.

아들의 책무감에 부모님은 영광과 즐거움을 누리며 근심 없는 여생을 보내고 있다. 효자라는 멍에에 가려진 부모와의 뒤틀린 관계를 회복할 수 있는 선택지에,

나는 어느 길에 서야 할까.

　천륜의 경계가 허물어지고 벌어진 틈이 맞닿기를 소망할 뿐이다.

　웃고 있는 동생의 넓은 등이 황량하고 쓸쓸히 느껴지는 건 왜일까?

　마음의 소리로 동생을 조용히 보듬는다.

은경이

하늘처럼 높고 당산나무처럼 굵은 지주가 되어 절대자이던 아버지.

9남매 중에 셋째이면서도 할머니의 총애를 고스란히 받고 집안에서는 늘 대장이었다. 공무원이던 아버지는 가정이나 직장에서, 내 친구들은 물론이고 주위 사람들에게도 두려운 어른이었다.

윤리적인 도덕을 원칙으로 삼았다. 강직한 성품 탓에 모든 이들이 존경과 동시에 꺼리는 대상이었다. 심지어 내 사촌이나 육촌들까지도 아버지를 피해 다녔다.

그럼에도 주변 사람들을 재밌게 하는 유머로 인기까지 쥐고 계셨다. 어느 해 농약을 잘못 살포해 그해 벼농사를 망친 적이 있었다. 농약을 살포한 아저씨가 발을 동동 구르며 몸 둘 바를 몰라라 하자 "이 사람아 약을 설렁설렁 주지 그랬나."라고 농담하며 위로를 해주신 분이다.

다시 살아날 것 아니라며 뒷짐지고 태연히 음악을 듣는 배짱은 하늘을 찔렀다. 아버지는 틈나는 대로 붓글씨 쓰고 그림도 그렸다. 아버지의 친구들을 집으로 불러 유희를 즐기고 여유로움과 풍류를 즐겼던 멋쟁이셨다.

그러한 아버지의 그늘 속에서 어릴 적 나는 늘 불만이었다. 우리들은 물론이고 남의 자식들까지 예의범절에 어긋나면 예외 없이 지적하고 가르치는 아버지가 싫었다.

이것도 안 되고 저것도 안 되는 제약과 규율이 엄격하다 보니 친구들 사이에 내 별명은 '혼나'였다.

"정희야, 놀러 가자."

"나 혼나."

"정희야, 더 놀다 가자."

"나 혼나"

"정희야, 우리 집에서 자고 가."

"나 혼나."

외출을 해도 아버지가 정해놓은 시간에 들어와야 했다. 어길 시 금족령이 내려졌다. 한 번은 밤 12시 넘어서 귀가했다. 내 머리카락을 삭발시키신다고 하여 집안이 발칵 뒤집힌 적도 있었다.

약속을 어겼다는 이유다. 그때는 아버지의 딸이라는 게 싫고 원망스러웠다. 집을 뛰쳐나가고 싶었다. 자유로운 친구들이 부러웠다.

그 후로 내 활동 시간은 밤으로 바뀌었다. 대문 밖에서 친구들이 은경이를 부른다. 우리 마을에는 은경이가 살지 않는다. 은경이는 우리 악동들의 은어다.

밤이 되면 작전을 개시한다. 먼저 내 방에 스탠드를

켠다. 방문 앞에 신발 한 켤레를 가지런히 놓고 자는척 한다. 늦은 시간을 틈타 대문이 열리지 않도록 돌로 밀어놓고 탈출한다.

안채와 대문의 거리는 상당하다. 아무리 대문을 두드리고 불러도 여간해서는 들리지 않아 벨을 달았을 정도다. 악동들과 합류한 나는 우르르 몰려다녔다.

온갖 서리란 서리는 다 하고 배불리 먹고 논다. 무릉도원이 따로 없다. 서리를 하지 않아도 거리를 종횡무진 막힘없이 웃고 떠드는 것으로 충분했다.

2km 반경은 우리 동지들의 활동구역이었다. 4km가 족히 넘는 시내를 활보하는 것쯤은 우스웠다. 동트기 전에 다시 들어와 자면, 말 잘 듣고 순종하는 착한 효녀 딸이 되는 것이다.

내 방은 안채와 저만치 떨어져 있는 집이 따로 있다. 내 방에서 촌극이 벌어져도 TV 켜놓고 주무시는 안채에서는 속수무책이다. 내 방 주변은 산과 밭이다.

밤이면 사람들의 눈에도 띨 염려가 없다. 안전하고 철통같은 요새다. 방 창문을 열면 1m가량의 도랑이 있다. 그 위로 창문보다 약간 높은 언덕의 밭이 있다.

악동들은 그 밭에서 창문으로 어렵게 들어오다 도랑으로 빠지기도 했다. 서로 미련퉁이라는 놀림도 아끼지 않았다. 나는 당당하게 대문 열고 나가고, 열고 들어 왔다.

악동들은 월담하여 뛰어내리다 고꾸라져 무릎이 깎이는 고통도 마다하지 않았다. 줄기차게 넘나드는 악동들을 막을 수 없었다.

기별 없이 오기 때문이다. 뜰이 넓었던 우리 집에는 골고루 유실수가 많았다. 허기진 동지들에게는 즉석에서 먹을 수 있는 요깃거리가 충분했다. 색다른 음식이 있으면 엄마 몰래 비축한다. 우리 동지들의 비상식량이다.

웃음소리가 커서 행여 들킬까 봐 라디오나 TV의 볼륨을 크게 올렸다. 소리죽여 게임하거나 쌈치기도 하고 고스톱 치며 놀았다. 짧은 밤을 한탄하며 해산하는 순간 내 방의 전원이 꺼진다.

그렇게 내 방은 깨복장구들의 사랑방이었다. 손님이 오시는 날에는 미리 연통을 넣어 재앙을 막았다. 아지트에서 수다 떨고 거리를 누비며 여러 해를 활보했건만 들킨 적이 한 번도 없었다.

지금도 옛 동지들을 만나면 그때 추억들이 단골 안줏거리가 된다. 어떤 악동은 질기게도 무릎 흉터가 아직까지 남았다며 서로 손가락질하며 박장대소한다.

그동안 사용하지 않고 방치됐던 내 방은 수년 전 수해로 일부가 무너졌다. 결국, 포클레인이 철거한 자리에 대추가 주렁주렁, 무화과는 다닥다닥, 매화는 벌, 나비를 불러 모은다.

악동들은 내 방이 있던 터를 가리켜 "우리가 워낙 오르락내리락해서 이미 그때부터 지반이 내려앉는 조짐이 있었어."라고 입을 모은다. "그러니 네놈들이 내 방 물어내"라며 윽박지르고 우리는 배꼽 빠지게 웃는다.

이제는 그 추억을 고스란히 안고 내 방은 영원히 땅속

에, 또 우리들 가슴에 그렇게 묻혔다.

  그토록 위엄 있고 무서웠던 아버지가 계셨기에 여한 없이 청춘을 무지갯빛으로 붓질할 수 있었다. 덕분에 '정희는 통 크고 정이 많은 친구'로 친구들에게 후한 지지도 받는다. 그때 다져온 추억들을 지금까지도 꺼내어 풍경에 푸른 색칠을 한다.

  친정집에서 그 터를 보기만 해도 '턱' 하고 뛰어내리는 소리가 들리는 듯 아스라이 착각도 든다.

  내 방에 둘러앉아 소리죽여 웃던 악동들의 웃음소리가.

  방이 더 이상 존재하지 않기에 오히려 영원히 기억될 그 추억들이.

지팡이의 무게

딱딱 딱딱……

날카로운 쇳소리가 고요를 깼다. 꼬부랑 할머니의 지팡이 소리다.

"거시기, 나는 어느 짝으로 누운당가?"

다급하고 거칠며 투박한 말씨다. 다짜고짜 근거 없이 내 물건 내놓으라는 형국이었다.

"네, 엄마. 저쪽 끝으로 가서 누우셔."

"잉, 알근네. 근디, 어디 말여?"

"그쪽으로 쭈욱 가서 누우면 돼 엄마."

한의원에서 환자와 간호사의 대화다. 그녀의 지팡이 소리가 점점 크게 다가왔다.

"여깅갑네."

순간 아~악 송곳 같은 비명 소리가 정적을 가르며 허공에 꽂혔다. 나도 영문을 모른 채 놀랐기 때문에 무슨 일인지 궁금했다. 그러자 이어지는 그녀의 반응에 나는 또 놀랐다.

"사램이 이썬네. 그먼 내 자리는 어디여?"

미안하다는 말 한마디 없다. 상대방의 소스라치는 반응에 자신 역시 당황했을 법도 하다. 그러나 그녀는 아무 일도 없었다는 듯 입은 달싹도 하지 않았다. 그저 자신의 누울 자리만 찾아갔다.

궁색한 변명이나 사과 한마디 없이 돌아서는 그녀가 뻔뻔스럽기 짝이 없고 무례하다. 상식 따위는 필요치 않은 우악스러운 노파다.

남이 놀라거나 말거나 강 건너 불구경하는 꼴이다. 그녀는 지친 몸을 침상에 누이며 뜻밖의 혼잣말을 한다.

"오메 죽겄네. 나도 놀랬는디 얼매나 놀랐껏써? 내 자린 줄 알았당게."

그녀 방식의 사과를 한다. 그러고는 금방 코를 곤다. 그리고 얼마 후, 그녀는 그만 집에 가겠다고 한다.

"엄마, 갔다가 금방 또 오실 거면서 그러지 말고 아예 치료 더 받고 가셔."

"아녀, 침은 마자씀께 그만 가야 혀. 나 바뽕께 싸게 가야혀."

간호사의 이야기는 귓등으로도 듣지 않고 자신의 말만 앞세웠다. 으레 있던 일처럼 간호사는 침만 빼주고 자리를 떴다.

"으메 깻잎은 언지 딴다냐. 꼬치는 언지 따고 고구마는……."

그 후로 한참 동안 자신이 해야 할 일들을 읊조리며 안달복달했다. 잠시 조용하다 싶더니,

"이 몸뚱아리가 둥그래미가(많이 아픔) 되야서 인날 수가 업네. 헐일은 태산인디 몸이 마를 안드러. 어여 가

얀디, 어여 가얀디. 아이고 손이 다 찌저전네. 여그다 약 좀 발러야 허근네."

그녀는 몇 번을 더 뒤척이며 비비적거리다 간신히 앉았다. 그리고 겨우겨우 침대에서 내려왔다. 그녀의 머리 위로 치솟은 지팡이에 의지한 채 땅만 바라보며 딱딱 딱.

순간, 소리가 끊겼다. 그녀는 자신의 치마를 들치고 고쟁이에서 무언가를 꺼냈다. 놀랐던 환자의 머리맡에 꼬깃꼬깃한 사탕 두 개를 슬며시 놓고 얼굴을 내려다보았다. 그 사탕이 '사과'의 단맛이라는 것을 나는 단박에 알았다.

그리고 지팡이 소리의 여운을 남기고 그녀는 사라졌다. 연고 바르는 일도 벌써 잊은 채.

밭에는 깻잎, 고추, 고구마 등 그녀가 애지중지하는 그들이 있다. 자신의 고슬고슬한 삭신보다 그들을 향한 견고한 애착은 흔들림이 없다. 수수깡처럼 꺾인 등 위로 질퍽한 삶의 고달픔이 탑처럼 쌓였다.

그녀는 자석에 끌리듯 황망히 떠났다. 고단한 하루해가 또 그렇게 저물 것이다. 그녀에게는 그것이 자연스러운 일상이다. 파리한 새벽이 채 열리기도 전 차가운 댓바람에도 그녀의 몸이 먼저 반응한다.

그녀는 그들의 일부고 그들은 그녀의 일부이다. 그녀는 흙에 무릎 맞대고 그들을 키워왔다. 그녀의 깊은 설움까지 내놓고 교감하며 붙박이로 살아온 공간. 빈 곳을 서로 채워주는 공존의 둥지인 것이다.

그녀가 그들과 두런두런 얘기하며 지나온 세월의 더께가 그녀를 사회에서 멈추게 했다. 그래서 그녀는 사과하는 방법도 모른다.

늘 그랬듯이 그들과 대화하듯 혼잣말로 속마음 전할 뿐이다. 염치도 모르는 노파라고 생각했던 내가 미안하고 부끄러웠다.

그녀의 마음에 들어앉은 그들이 그녀를 품어준 유일한 벗이고 가족이다. 자식보다 더 가까이, 더 많이 부대

끼며 살아온 그들이다. 둠벙 같은 정적에서 숨죽여 눌러왔던 서글품을 곱씹어야 했던 그녀다.

그녀가 나지막이 토해낸 설움까지 받아내고 아픔도 가시게 하는 명약이 그들이었다. 그들 덕분에 배고픔도 잊었을 것이다.

청춘과 추억과 그리움까지 몽땅 묻고 견디며 살아가는 유일한 수단이 그들이다. 그곳이 그녀에게는 대피소이고 피난처이며 또 왕국인 것이다. 항상 씻기고 다듬어서 공들여 키워온 그들과의 일과가 그녀에게는 놀이이고 기쁨이고 삶의 전부였다.

집착인지 운명인지 모를 길들여진 삶에 바슬바슬한 몸뚱어리는 끝내 서럽기만 한데, 이제는 그만 멈추어도 되련만. 그녀에게는 그들이 희망이고 빛이었다. 그 강렬했던 빛이 저녁노을에 물들었다.

짐 진 노새처럼 느리고 굼뜬 꼬부랑 할머니의 뒷모습은 빛바랜 수채화다.

흙과 함께 삭풍에 휩쓸리고 깎여서 닳아진 몸뚱어리는 한 줌이다. 그녀의 고단한 삶은 풍상의 세월만큼 그렇게 휘어지고 굽었다. 손바닥만 한 저 등에 볕을 받으면서 그들과 몇 해를 더 해로할 수 있을까. 한 뼘의 그늘도 없는 자리에 싱그런 청춘이 묻힌 곳.

그곳이 그녀의 흔적이며 기록이 될 것이다. 휘어진 허리를 아래로, 아래로 굽어본 시간의 중량을 가늠할 수도 없다. 허리 펴고 푸른 하늘 올려다본 기억이 아득할 것이다.

자신의 발등과 지팡이의 꼭짓점이 그녀의 유일한 눈높이다. 뼈가 바스러질 만큼 야윈 그녀는 스스로 자신을 세우지도 못한다.

자신보다 더 마르고 가냘픈 지팡이에 의지한다. 그렇게 서로를 받쳐주며 힘이 되어 주고 있다. 자신만을 의지하는 주인을 품고 지팡이는 울며 걷고 있다.

딱딱 딱딱……

하얗게 피어난 그녀는 땅에 붙은 별꽃을 닮았다. 그녀는 곧장 꿈의 정원으로 가서 가족 같은 깻잎, 고추, 고구마 등과 이야기 나눌 것이다. 오늘 한의원에서 무슨 일이 있었는지 미주알고주알 이야기할 그녀의 웃음이 그려진다.

찻잔으로 빚은 지구촌 풍경

시린 새벽 별들과 눈맞춤을 했다.

어둠을 열고 다니는 행사가 새삼스러운 일은 아니다.

그러나 이번 행사는 특별했다. 세계의 저마다 다른 민족들의 모습과 문화를 한눈에 볼 수 있기 때문이다. 나는 기대와 설렘으로 여러 날 풍경을 그리며 잠을 설쳤다.

김밥으로 요기하면서 바쁘게 달려 아침이 되어서야 인천 송도 컨벤시아에 도착했다.

바닷가의 고장답게 짭조름한 바다 내음이 물씬 풍겼다. 세찬 바람을 몰아온 송도는 쌀쌀했다. 추워서 미처

바다를 건너지 못한 가을빛이 아직은 이쁘다.

제멋대로 날리는 낙엽은 마치 오색테이프를 뿌려 외국 손님들을 환영하는 퍼포먼스처럼 화려하고 아름다웠다. 굴렁쇠처럼 구르는 나뭇잎들이 설레는 감흥을 돋운다.

세계 62개국 UN기구 NGO 아시아 각료국제회의(환경보사부 장관)가 열렸다. 우리는 800여 명의 대표단에 제공할 차와 다식을 준비했다.

이틀 동안 먹을 음식과 다구들이 두 수레쯤 되었다. 다구들이 깨지는 것을 방지하고 다식 모양의 변형을 막기 위해서 각각 보자기에 쌌다.

로비의 안내원은 양손에 보따리를 든 우리를 호텔에 얼씬도 못하게 했다. 아예, 문전박대를 했다. VIP들에게 좋은 인상을 주지 못한다는 이유다.

크고 작은 보따리를 어린 자식 건사하듯 모아 놓고 어처구니없어 멍하니 서 있는데 꼭 이재민들 같았다. 우리의 사명을 듣고서야 그나마 뒷문을 허락해 주었다.

신줏단지 모시듯 모셔져야 할 귀하신(?) 물건들은 푸대접을 받으며 뒷문을 이용하는 신세가 되고 말았다.

건물 내부 경계는 철통같이 삼엄했다. 공항에서 출입국할 때나 보던 엑스레이 검사대를 거치고 몸을 스캔하는 금속 탐지기와 금속 스캐너를 통과해야 했다. 귀에 마이크를 꽂고 장승처럼 서 있는 경호원들이 쫙 깔렸다.

액션 영화에서나 볼 수 있는 광경들이다.

프리미엄 볼륨 회의실 로비에 다찬(茶饌) 자리를 마련했다. 예상외로 커피보다 우리 전통차를 찾는 사람들이 훨씬 많았다.

안타깝게도 일본 차로 오인하는 외국 인사들도 꽤 있었다. 그러나 우리나라에서 생산하는 차라는 것을 알고 아주 맛있다며 칭찬 일색이었다.

중국, 일본과는 또 다른 깊은 맛과 향이 있는 우리 작설차가 으뜸이다. 하동야생차로 시음을 했다. 인기가 매우 좋았다. 우리나라 사람들은 회의 중에 자리를 뜨지 않는다. 그러나 외국인들은 차와 음식을 먹으러 수시로 드나들었다.

그들을 위한 다식을 수십 가지 준비했다. 서양 사람들은 다식을 대체로 가리는 편이었다. 동양 사람들은 무난하게 좋아했다. 강한 맛과 독특한 향이 있어서 이방인 취급을 받을 줄 알았던 생강편은 동서양을 막론하고 모두가 좋아했다.

떡의 인기도 결코, 뒤처지지 않았다. 우리 음식 문화의 꽃이라 하면 단연 '떡'이다.

훤칠한 키에 유난히 입술이 붉어서 여자보다 더 예쁜 한 남성이 떡을 아주 좋아했다. 다식으로 한 두 개씩 주는 떡이 중년 신사의 성에 차지 않았던지 책을 내밀었다. 책 위에 떡을 많이 올리고 있는데 난데없이 남자의 손이 쑥 들어왔다. 화들짝 놀라서 고개를 들었다.

신사가 명함으로 콩고물을 푸려다가 서로 눈이 마주

쳤다. 신사는 놀란 토끼가 박제된 것처럼 동작을 멈추었다. 개구쟁이 같은 행동이 재밌고 귀여웠다. 우리는 마주 보며 입을 크게 벌리고 소리 없이 웃었다. 웃음으로 통한 순간이 소중했다.

마침 다찬도 거의 마무리할 시간이 되어서 떡을 비닐팩에 듬뿍 담아 주었다. 신사는 놀라면서 선뜻 받지 못했다. 나는 씨익 웃었다.

신사는 떡 봉지를 받아들고 서툰 우리말로 고맙다는 인사를 여러 번 했다.

이튿날도 다찬은 계속되었다. 그 신사는 가끔 와서 차를 마시며 내 주변에서 서성거렸다. 누군가 날 응시하고 있다는 느낌에 고개를 돌리면 여지없이 신사가 서 있었다. 눈이 마주칠 때마다 어색한 행동을 보이는 신사는 꼭 덜 여문 소년 같았다.

하루해가 저물어 갈 무렵 신사가 함께 사진을 찍고 싶다는 요청을 했다. 다찬 테이블 안으로 들어와 사진 찍

기란 상당한 용기가 필요했을 것이다.

떡의 힘으로 발휘된 용기로 소소한 추억을 사진 한 장에 남겼다.

지구촌 사람들이 모이다 보니 옷차림도 각양각색이다. 나라를 대표하는 사람들이다 보니 대체로 전통 의상을 입었다. 특히 덩치가 아주 큰 흑인 남성이 무릎 위까지 오는 짧은 치마를 입은 복장이 독특했다.

고대 이집트 무사처럼 호방한 기상이 엿보이는 당당한 모습이었다. 그들은 우리의 한복에도 관심이 많았다. 아름답다는 칭찬도 아끼지 않았다.

찻잔 속에 피어난 푸른 물색은 심오하고 경이롭다. 모두 피부색이 다르고 문화가 다르다. 찻물로 교감하고 소통하니 언어가 필요 없었다.

사방에 다양한 외국인들이 북적대고 있어서 마치 내가 외국에 있다는 착각에 빠질 정도였다. 사절단으로 온 사람들이 일인용 쟁반을 들고 차와 다식을 받기 위해 줄지어 서 있었다.

차례를 기다리며 능선의 띠처럼 길게 늘어선 광경이 전깃줄에 일렬종대로 선 제비들 같았다.

수백 명의 사람이 모인 자리다. 뷔페처럼 늘어놓은 다식 앞을 지나며 본인이 먹고자 하는 음식을 골라 주문한다. 그럼에도 어수선하거나 소란스럽지 않다.

오히려 침착하고 질서 있게 차분한 가운데 아주 공손했다. 나라를 대표하는 공직자답게 격조 높은 도덕성을 보여주었다.

이틀 동안 시간을 셈할 틈도 없이 숨 가쁜 일정이었다. 내내 서서 접대를 하다 보니 허리가 끊어지고 다리에 쥐가 날 지경이다. 그래도 참아내며 쉴 자리를 찾지 않았다.

흐트러진 모습 보이지 않으려 마음 다잡고 견디는 것이다. 화장실의 변기 뚜껑을 닫고 앉아 잠시 쉬고 왔다는 사람도 있었다. 옆 사람의 빈자리도 눈치채지 못할

만큼 바쁘다.

 그럼에도 서로를 다독이고 협동하며 죽을 둥 살 둥 주어진 일에 충실한다. 우리의 음식·옷·차와 문화를 세상에 알리는데 한몫했다는 자부심에 고단함도 사그라든다.

 지구촌에 우리나라의 전통 향기를 뿌리며 나눈 유대감이 두텁고 훈훈했다. 일생에 특별하고 이색적인 경험을 했다.

 그들과 함께 머물렀던 시간은 공작나비처럼 아름다운 모습으로 깃들어 있다.

 찻잔에 소중한 추억 한 점 띄우고
 달달하게 퍼지는 향에 취한다.

첫물 찻잎 덖는 풍경

섬진강물은 서두르지 않고 흐른다.

찔레꽃, 조팝나무 꽃들이 흐드러지게 피었다. 의젓한 오동나무도 보랏빛 초롱꽃을 피워 향기를 실어 보낸다. 하얀 금낭화를 묶어 주렁주렁 아래로 드리운 아카시아 꽃도 제철을 만났다. 나는 신록이 짙푸른 5월을 학수고대한다.

구례 산동에 위치한 지인의 농장에 갈 채비에 들뜨고 바쁘다. 1시간 남짓 달려 개구리, 맹꽁이 우는 농로를 가로질러 오르면 언덕배기에 농장이 있다.

입구에는 집을 지키는 수호신처럼 다섯 개의 솟대가 올망졸망 멀리까지 망을 보고 있다. 너른 마당 왼편에 팔각 정자가 있다. 중앙에는 차탁을 놓아 운치를 더한다.

확 트인 경관이 마음을 후련하게 한다. 저 아래에는 섬진강으로 흐르는 물줄기가 보인다. 강줄기 위에는 산의 완만한 능선이 부드럽다.

별장은 마을 끝자락의 높은 꼭대기에 있다. 뒤로는 지리산의 노고단 줄기다. 성벽보다 높은 산이 병풍처럼 둘러졌다.

농장 입구 언덕으로 300평의 차밭이 있다. 차나무는 지리산 정기를 머금은 자욱한 물안개 속에서 흠뻑 젖어 자란다.

이른 새벽부터 새소리 솔바람 소리 듣고 이슬 맞으며 첫물 찻잎을 딴다. 1창 1기의 고운 잎만 따기 때문에 수확량은 많지 않다.

지리산 자락이다 보니 기온이 낮아 5월 초에 찻잎을

딴다. 퇴비도 주지 않는다. 오로지 땅의 기운으로 차나무를 키운다. 그러니 나무도 더디게 자라고 생산량도 적다.

지대가 높다 보니 낮과 밤의 일교차가 커서 맛과 향이 뛰어난다. 윤기 흐르는 어린 찻잎은 300°C 이상의 고온에서 살청(뜨거운 온도에서 생잎의 산화효소를 파괴)을 한다. 첫덖음에서 엷은 차향이 일어난다.

흥분되는 마음을 필설로서는 형용할 방법이 없다. 야생차에서만 느낄 수 있는 온전한 자연의 향이다. 그렇게 덖고 비비고 말리기를 아홉 번 한다.

아미노산이 풍부하고 구수하여 깊은 맛이 있다. 입안에 가득 고인 오묘한 향과 단맛은 최고의 차로 손색이 없다.

우리나라의 차에는 두 가지의 전래설이 있다. 먼저 이능화가 쓴 [불교조선통사] 하권에 '김해의 백월산에는 죽로차가 있다. 삼국유사의 가락국기에 따르면, 김수로

왕의 왕비인 허황옥이 아유타국에서 떠나오면서 차 씨를 가져왔다'라는 설이다.

또 하나는 김부식의 [삼국사기]에는 '신라 42대 흥덕왕 3년 (828년) 12월 당나라의 사신으로 갔던 김대렴 공이 차 씨를 가지고 돌아왔는데, 왕이 지리산에 심게 했다.'라는 설이다. 그곳이 하동 쌍계사 아래다. 그곳에는 차 시배지라고 쓰인 커다란 표지석이 있다.

차나무를 실화상봉수(實花相逢樹)라고도 한다. 작년의 열매가 올해의 꽃과 함께 열렸다 하여 붙여진 이름이다. 또한, 절개의 상징이기도 하다.

차나무는 뿌리가 직근성이고 상록수다. 사철 푸르고 추운 겨울을 이겨낸다고 하여 충절과 기개를 대표하는 선비에 견준다.

또 옮겨 심으면 죽기 때문에 여성이 한 가문에 뿌리내리고 살라는 뜻도 있다.

우리가 차를 만들 때는 집 뒤꼍 모퉁이에서 작업한다.

짝을 이룬 산비둘기가 둔탁한 목소리로 구구단을 외운다. 우리는 찻잎을 덮고 비비면서 비둘기를 흉내낸다.

구구 팔십일, 구구 십팔, 구구 싫어 등 말도 안 되는 말로 한바탕 웃고 떠들며 재밌다. 우리들의 수다에 놀란 듯, 푸드덕 날갯짓하는 꿩 소리도 정겹다.

차를 제조하는 마음은, '정숙하고 경건한 마음으로 혼을 넣어 만들어야 한다.'라고 선현들은 말씀하셨다.

「다여군자성무사」 차는 군자와 같아 삿됨이 없다. 그래서 우리는 삿됨 없이 정성과 혼신을 다해 즐겁게 차를 만든다.

구 중구 포를 하다 보니 밤까지 이어진다. 그래서 S는 저녁 준비로 바쁘다. S는 농장 주인이다. 밥 짓는 일과 간식까지 챙기고 설거지 당번으로 손이 매우 빠르다.

Y 회장은 마당 끝 정자 옆에서 삼겹살을 삶는다. Y 회장은 요리 솜씨가 뛰어났다. 아마도 화백이라서 손맛이 있는 것 같다.

R 선생은 틈틈이 뒷산에 올라가 취나물을 뜯느라 바

쁘다. 취나물 무침과 삶은 삼겹살 맛이 최고다. R 선생은 고등학교 교사인데 입담이 좋아 분위기 메이커이자, 잔일을 돕는다.

  J 형은 S의 친구다. 손재주가 있고 성실한 총각이자 효자다. 깊은 산속에 홀로 향기를 품은 난초 같은 사람이다. 선비의 품성을 지녔다. 내가 '성'이라고 부른다. 속세와는 거리가 먼 성이다. 나와 함께 차 덖는 일을 한다. 차를 덖기까지의 모든 일을 준비하고 마무리까지 완벽하게 한다. 매사에 차분하고 섬세하여 나에게 없어선 안 될 일꾼 파트너다.

  K 양은 우리가 차를 유념(비비기)할 때 돕는다. 그녀는 화가이면서 시인이다. 착하고 말수가 적은데 잘 웃는다. 나와 같은 문우다. 내가 가장 사랑하고 예뻐하는 동생이다.

  마지막으로 나는 사부다. 우리 팀원들이 그렇게 부른다. 찻잎 따는 일부터 차 덖음, 음용까지 총괄한다 해서 붙여진 호칭이다.

우리는 이렇게 한 팀을 이룬다. 각자 맡은 일에 일사불란하게 충실한다. 밤늦도록 일을 해도 고단한지 모르고 즐겁다.

늦은 밤 부엉이 소리가 들린다. 꼭 진설의 고향 도입부 같다. 소쩍새가 피 토하듯 제 이름을 부르며 허공중에 구슬프다. 밤 10시가 넘어서야 모든 일이 끝났다.

하늘엔 수많은 큐빅이 촘촘하다. 강 건너 아랫마을도 밤이 깊었다. 고요한 촌락에도 별들이 내려앉았다. 높은 솔 끝에 걸터앉은 보름달이 마실 나와 우리를 따라나섰다. 하얀 두루미에게 먹이를 내주던 강도 깊은 침묵에 들었다.

마을의 잠 깬 불빛에 채색된 물빛이 아름답다. Y 회장의 노련한 붓질을 보는듯하다. 동튼 풍경과는 사뭇 다른 모습이다.

우리는 낙타의 느릿한 걸음처럼 천천히 구례를 빠져나왔다.

5월의 달달한 추억은 첫물 찻잎을 덖는 풍경이다. 내

가 해마다 이맘때를 기다리는 이유도 여기에 있다.

설레는 마음으로 다음의 초록 풍경을 기약한다.

코레일, 타임머신 타고

봄빛이 물든 날.

코레일 대표단 단합대회에 참석했다. 대표단 워크숍이 끝나고 일행들과 곡성행 기차를 탔다. 코레일에서 대표단들이 현장을 체험할 기회를 주었다. '허가증 없이는 직원조차도 탑승할 수 없다'라는 지엄하신 기관실, 기관실은 협소하여 1인만 탑승할 수 있다.

나는 그곳에 전폭적인 지지와 환대를 받으며 위풍당당하게 탑승할 수 있는 영광을 안았다.

기차는 좌측통행을 한다.

선로에도 신호등이 있다.

덩치에 비해 앞 유리창이 승용차의 앞 유리창보다 더 작아 특이했다. 브레이크는 손으로 작동한다. 유일하게 발을 사용하는 넓적한 페달은 곰 발바닥을 닮았다.

육중한 덩치만큼 큰 기적소리가 허공을 가른다. 소리가 작게 울리는 버저가 한 개 더 있다.

해가 넘어가면 철로 주변 사람들에게 미치는 소음을 줄이려는 배려다. 기관실은 현저히 누추하고 협소하다. 두 사람이 여의치 않게 앉을 수 있는 공간이다. 모든 것들이 신기하고 놀랍다.

기차가 덜컹거리는 소리도 여과 없이 들린다. 아주 소란스럽다. 어깨가 닿아있는 옆 사람에게 악을 써야 소통이 되는 지경이다.

기관사는 무엇보다 야간 운전이 가장 고되고 견디기 어렵다며 푸념하듯 고충을 얘기한다. 졸음을 쫓기 위해 꼬집고 고함도 지르고 껌도 씹고 노래도 부른단다. 그 중에도 생리적인 현상이 가장 극한이다.

근무 하루 전날부터는 물도 마시지 않는다. 그래서 비닐봉지는 생리적 해소를 위한 비상 방편으로 비축이 필수라 한다.

간이역을 지날 때면 기관사는 듣는 이가 없어도 주문을 외우듯 '통과'라는 혼잣말을 한다.

또 졸음방지용 빨간색 버튼이 있다. 몇 초 간격으로 눌러서 기관사의 무탈함을 알려야 한다. 미처 누르지 못하고 시간이 경과되면 스스로 경고음이 울린다. 만약 위험을 감지하면 알아서 공기를 빼고 기차가 멈춘다.

그 외에도 제어대가 정면이 아닌 왼쪽에 있다는 것, 브레이크가 가슴 높이에 있다는 것이 기차만의 특징들이다. 오래 수련된 기관사의 가슴으로 기차를 정차 위치에 정확히 맞춘다.

차장의 출발신호가 떨어지기 전까지는 움직일 수 없는 것이 안전수칙이다. 기관사는 기차의 꽃이다. 내가 체험하기 전까지는 말끔한 정복에 수신호를 받는 기관사가 위용이 있어 보였다.

  그래서 남자들이 선호하는 직업이라고 생각했다. 하지만 열악한 환경 속에서 수백 명의 생명과 안전을 책임지고 자긍심과 책임감 없이는 감히 수행할 수 없는 극한 직업이었다.

  그래서일까, 故 박정희 대통령은 기관사를 베스트 직업군으로 인정하고 최고의 월급을 책정했다.

  기차는 고을을 지켜낸 두꺼비들의 함성이 울리는 섬진강을 끼고 돌았다. 산새가 아름다운 구례를 지나 순식간에 곡성에 도착했다. 펜스에 가려진 기관사님의 밝은 미소가 지워질까 염려되어 눈에 꾹꾹 눌러 담았다.

  곡성 기차 마을에는 기차들이 지천으로 널려있다. 탱크 같은 증기기관차가 즐비하다. 수많은 사연을 실었던 기차는 고단한 무게의 삶을 내려놓고 의연하다.

  켜켜이 쌓인 세월만큼이나 철갑을 두르고 늠름하다. 오래된 향기가 나고 시간을 먹은 숨결이 들린다. 기차가

달릴 때만 용변이 가능했던 기차도 있었다. 어린아이가 팔을 둥글게 말은 공간만큼 커다란 구멍은 안이 훤히 드러나 보였다.

　세월의 묵은 때가 덕지덕지 묻어 있었다. 진액이 빠져나간 기차는 힘들었던 질긴 여정을 마치고 긴 수면에 빠졌다.

　나는 페달을 밟아 굴러가는 레일 바이크도 탔다. 꼼수를 부려 뒤 팀의 노력으로 어부지리로 달리는 맛은 자지러지게 재밌었다.

　아래로는 물비늘이 반짝이는 푸른 강물이 흐른다. 효녀 심청이가 쏟아낸 한 맺힌 눈물이 마르지 않았다. 아직도 용왕의 바다로 흐르고 있었다.

　위로는 동면에서 덜 깬 넉넉한 산이 우리를 품고 함께 돌았다.

　겨울이 쇠하여 봄의 전령사가 다녀갔다. 차고 축축한 날씨에도 말갛게 핀 매화가 봄기운을 더했다. 맑은 향기가 다가와 홀로 행복에 흠뻑 빠졌다.

　섬진강가에 매어둔 황소는 꿀 먹은 벙어리다. 벅수처럼 서 있는 누런 황소를 닮아 고요한 마을은 다소곳하다.

　두툼한 비구름이 하늘을 덮었다. 군불 때는 아궁이는 스산한 기운을 태운다. 솟대 같은 굴뚝에선 추억이 꾸물꾸물 하늘로 오른다.

　이곳엔 삶의 이야기보따리를 실은 증기기관차들이 지금도 달리고 있다. 심청호의 쉰 목소리도 정적에 깃들었다.

　건축한 지 60년쯤 되어 보이는 역의 작은 대합실. 의자들은 세월을 녹여온 삶만큼이나 남루하고 허름했다. 예스러운 공간은 정갈했다.

　지나간 시간은 마음속 풍경이 되어 잔잔한 울림이 된다.

　곡성에는 시간이 멈춘 순박하고 정겨운 역사가 온전하게 남아 있다. 고을을 지키는 '성'을 연상케 하는 커다란 문이 있는 역사가 또 있다.

역 주변에는 아시아 최대 규모의 장미정원이 조성 중이다. 광활한 대지에 듬성듬성 높이 솟은 푸른 소나무들은 그 기상이 하늘을 찔렀다. 쏟아지는 환희로 대지가 출렁거린다.

나는 충만하고 신바람 난 체험이어서 행복했다. 그리고 늘 긴장 속에서 소임을 다하는 기관사님들께 고무와 갈채를 보낸다.

곡성을 다녀오니 무심코 바라보고 지나쳤던 사물들이, 모두 저마다의 사연을 갖고 있는 주인공들로 바뀌었다.

템플스테이

초록의 융단 위에 내려앉은 부처님의 법음이 세상을 밝힌다. 야생의 소리가 내 마음을 푸르게 물들였다. 계곡은 물고기와 새, 수많은 생명들을 품었다. 계곡물도 수행자를 닮아 점잖게 흐른다.

4박 5일의 단기 출가 체험하러 송광사로 출발했다. 미리 설레고 행복했다. 도착 후 편한 단체복으로 갈아입었다. 대형 강당에는 단기 수행자들로 가득했다.

체험자들이 많다 보니 분단을 나누어 조별로 멘토 스님이 내정되었다. 멘토 스님들은 곳곳에 상주하시며 단기 출가자와 늘 함께 하신다. 잠들기 전까지는 묵언수행이다.

새벽 3시 30분에 기상하여 준비하고 4시에 새벽 예불을 드린다.

아침 공양은 7시다.

수행하시는 스님들과 똑같은 일정을 보낸다. 재미있고 특별한 체험이다. 이 같은 경험은 송광사 낙원에서만 누릴 수 있다는 행복도 잠시, 들떠있던 마음은 오래가지 못했다.

멘토 스님의 간단한 지침이 끝나고 점심시간이 되었다. 분단별로 맡아 지도하시는 멘토 스님의 추상같은 가르침은 이제 막 입문한 애송이들에게도 예외란 없었다.

바루 공양 전에 지켜야할 규칙들이 떨어졌다. 분단별로 줄지어 앉은 자리에서 식사를 하고 마른 설거지까지 끝내는 것이다.

바루 공양은 단순히 요기를 하는 수단이 아니다. 수행이다. 내 바루의 밥과 반찬은 깨끗이 비워야 한다. 음

식을 남겨서 버리는 행위는 불가에서 용납되지 않는다. 내 허기를 채우기 위해 수많은 사람들의 노력과 땀이 들어있기 때문이다.

나는 집에서나 식당에서 음식을 남기고 생각 없이 버리는 게 일상이었다. 하지만 누구에게도 미안한 적이 없었다. 새삼 지난날을 되돌아보게 하는 수행이다.

당번이 밥과 반찬을 들고 내 앞에 오면 내가 먹을 만큼의 밥과 나물을 덜어 담는다. 소리 내지 않고 먹는다. 반찬은 모두 푸성귀로 서너 가지다.

송광사에서 직접 담은 고추장, 된장, 간장으로 만든 음식은 사찰에서만 맛볼 수 있는 최고의 만찬이었다. 조계산의 정기를 듬뿍 머금은 깊은 맛의 장들과 향그러운 채소는 마치 자연으로 몸을 씻어내는 것 같았다.

식사가 끝나기 전에는 단무지 1개를 반드시 남긴다. 그 단무지로 잔여물을 깨끗이 닦아서 먹는다. 다시 물로 헹구어 마셔야 한다. 바루 헹군 물을 다 마실 수 없으면 각 조의 당번이 양동이를 들고 다니며 마시고 남은 물을 받는다.

모아진 말간 물에 고춧가루가 한 톨만 나와도 해당 분단원이 똑같이 나누어 마셔야 한다. 내 물을 내가 다 마시지 못하면 남이 내 물까지 마시는 것이다. 허나 비빔밥을 먹고 난 후 그릇에 물을 부어 흔들어 마시는 것은 비위가 약한 나로서는 상상도 못할 일이다.

빈 그릇을 씻어서 마셔야 한다니, 죽을 만큼 싫었다. 선뜻 출가 체험하겠다고 나섰던 내 자신이 원망스러웠다.

식사가 끝나자 우려했던 일이 벌어졌다. 옆 분단에서 사고가 터진 것이다.

탁한 물에서 고춧가루가 나왔다. 스님께서는 분단 사람들이 모두 한 모금씩 나누어 마시거나, 아니면 누군가 대표해서 한 사람이 희생을 하라고 하셨다. 그리고 지금 이 순간 참기 어려우면 집에 가도 좋다고 하셨다.

순간 쥐 죽은 듯 조용했다. 우리 분단이 아니어서 천

만다행이라는 생각이 들면서도 적잖이 충격을 받았다. 스님께서 당부하셨던 말씀은 우리와 정한 약속이었다. 모두가 숨죽여 있을 때 중년 신사가 자신이 마시겠다며 손을 들었다. 그분이야말로 부처님이다.

한바탕 소란은 속세의 부처님 등장으로 평정되었다. 내 것 마시기도 힘들었다. 억지로 꾸역꾸역 마셨다. 그런데 여러 사람이 먹다 남긴 섞인 물을 마시라니, 나는 죽었다 깨어나도 속세의 부처님 흉내도 못 낼 일이다.

모든 바루가 깨끗해졌다. 수행이 제대로 된 것이다. 바루 공양은 스님들의 행동을 흉내내는 것이 아니다. 출가한 우리에게도 예외는 아니다.

저녁 예불은 5시다.

훤칠한 키에 용모가 빼어난 젊은 스님 다섯 분이 종고루에 오른다. 종고루에는 불전 사물이라 하여 종, 북, 목어, 운판을 친다. 그중에 으뜸은 스님들의 북 치는 모습이다.

멘토 스님께서도 이 시간만큼은 자유를 주신다. 고요를 깨우며 웅장하고 장엄하게 북 치는 스님의 모습은 마치 신들린 것 같았다.

송광사 경내에 울리는 천둥 같은 북소리가 가히 압도적이었다. 모두가 넋을 잃고 빠져드는 귀중한 볼거리다. 내 옆에 망부석처럼 굳어있던 동기가 한 마디 했다.

'이렇게 잘생긴 젊은 남자들이 모두 송광사에 계시니 우리가 시집을 못 가요.' 아직 미혼이라는 서른 중반 처자의 푸념에 크게 웃었다.

3일째 날이다.

조별로 둘러앉아 각 조의 멘토 스님들과 의견을 주고받는 멘토링이 주어졌다. 유일하게 묵언수행이 해제된 시간이다. 순식간에 감상들이 쏟아졌다. 해주는 밥 먹고 가족들에게 신경 쓰지 않아서 너무 편하고 좋다는 사람들도 있었다. 물론 주부들이다.

체험에 관해서는 유익하고 이색적이라는 의견이 가장

많았다. 나 역시 동의했다. 처음엔 적응하기 힘들었으나 차츰차츰 엄격한 규율에 스며들었다.

어느 때는 느리게, 어느 때는 빠르게 들쑥날쑥했던 마음도 막바지다. 내일이면 집에 간다. 잠시 후에 저녁 공양이 끝나고 연비식이 있다.

그런데 아뿔싸, 연비식에 이어 절을 하면서 철야정진을 한단다. 연비식이란, 행자 스님에서 정식 스님이 되는 통과의례다.

향에 불을 붙여 팔목에 올리고 향이 소진될 때까지 인내하고 견디는 것이다. 그래서 지레 겁먹고 조바심을 냈다. 그런데 체험자들에게는 향에 불을 붙여 약식으로 팔목에 살짝 찍어주는 의식으로 끝냈다. 그렇게 우려했던 연비식은 수월하게 끝이 났다.

문제는 눈도 못 붙이고 절을 하며 꼬박 밤을 새는 철야정진이다. 내가 겁냈던 연비식은 가소로울 정도다. 나는 곰처럼 잠이 많기에 잠을 전혀 잘 수 없다는 것이 아찔하고 끔찍했다.

또 몸이 고달픈 것에 내력이 없는 나는 운동도 싫어한다. 유일하게 하는 운동이라곤 숨쉬기밖에 없다. 쉼 없이 절을 하며 밤샘을 생각하니 하늘이 노랗다.

그러나 곤죽이 되어 실신하는 사태가 발생하더라도 낙오자는 될 수 없었다. 부처님의 가람에서 몸과 마음이 멀리가지 못하도록 다짐하고 또 다짐했다.

처음 시작은 멘토 스님의 죽비에 맞추어 절을 한다. 물론 죽비 치는 스님께서도 함께 절을 하신다. 얼마나 시간이 흘렀을까. 눈물이 흐른다.

처음엔 나로 인해 고생하시는 스님을 보니 눈물이 났다. 나중에는 눈물이 왜 흐르는지 나도 모른다. 영문도 모르는 눈물이 났기에 창피하기도 했다. 주변 사람들에게 눈물을 들키지 않으려고 애써 울음을 삼켰다.

금세 사방에서 눈물이 주룩주룩 흐르는 소리가 들렸다. 나도 꾹꾹 눌러온 눈물이 쏟아졌다. 강당은 울음바다가 되었다. 나는 눈물 닦는 것도 잊은 채 지극한 마음으로 절을 했다.

저들도 아마 그럴 것이다. 소망하는 것도 없었다. 간절함도 잊은 채 절만 했다. 내가 절을 하는 건지, 절이 내가 된 건지 분별하는 마음도 없었다. 죽비 소리만이 천지를 진동했다.

그렇게 아침이 열리는 것도 모르고 힘듦도 느끼지 못한 채 나는 로봇처럼 움직이고 있었다. 내 얼굴은 눈물로 범벅이 되었다. 바닥은 물기로 낭자했다.

어느샌가 스님의 죽비소리가 멈추었다. 비로소 고개 들어보니 부처님의 광명인가, 대강당에까지 빛이 환하게 비추었다. 진흙에서 핀 연꽃인양 모두 얼굴이 향기롭고 말갛다.

이 자리가 극락인 것을.

가슴이 가득 차서 행복했다. 스님들께서는 한동안 우리에게 자리를 정리하라 재촉하지 않으셨다. 마음을 추스를 때까지 기다려주셨다. 충분한 시간이 지나고 나서야 스님께서 진행을 하셨다.

'4박 5일 동안 정말 고생 많이 하셨습니다. 여러분들이 흘린 눈물은 업장소멸입니다. 그러니 이 마음 놓치지 말고 끝까지 붙들고 가십시오.' 하셨다.

이젠 투정부리지 않고 잘 할 수 있는데 집에 가라 하신다. 인사 말씀에 이어 덧붙여 말씀하시길, '정녕 중이 되고 싶거든 가족들과 충분히 얘기하고 허락 받은 뒤에 다시 오십시오.'라고 당부하셨다.

출가 체험하다 눌러앉아 출가하겠다는 사람들이 속속 있었단다. 나는 함께 고생해주신 멘토 스님께 지극 정성으로 삼배 올려 성불하시길 축원하고 물러났다.

모두가 환희로 생기가 넘쳤다. 몸에는 전율이 흘렀다. 내가 무엇을 했는지도 모를 만큼 머릿속이 깨끗해져 푸른 하늘처럼 맑았다.

원체 팔이 좋지 않았기에 철야정진을 겪고 마비될 줄 알았던 팔다리를 나중에야 챙겼다. 놀랍도록 멀쩡했다. 첫 아이를 제왕절개해서 낳았다. 열이 떨어지지 않아

호흡곤란이 왔다. 그때 겨드랑이에 얼음 통을 끼워주었다. 그 여파로 팔이나 어깨의 구실을 제대로 못 한다. 그런데 어찌된 영문일까. 삭신이 깃털처럼 가볍다. 신비롭고 영묘한 체험이었다. 지금도 풀리지 않는 미스터리다.

  매일 일정이 끝난 저녁이면 보고하듯 내 힘듦과 고달픔을 만만한 남편에게 하소연했다. 수료식이 끝나고 송광사를 나오자 남편이 나를 반겼다.
"반은 죽어서 업고 갈 줄 알았는데 지친 기색 없이 멀쩡하네."
  남편이 나에게 건넨 첫마디였다.
"당신 각시 무거운데 업고 가다 우리 신랑 죽을까봐 기운 냈지."
  농담을 주고 받고, 불편했던 규율에 옹색한 변명도 하고.
  힘듦은 간데없이 초월적인 경험에 경이로운 이야기 보따리를 풀다 보니 벌써 집이다.
  근심이 크셨던 친정엄마가 멀리서 와 계셨다. 힘들었

을 딸을 위해서 커다란 교자상에 음식이 가득했다.

엄마는 나의 건재함에 엄청 놀라셨다.

"너 어떻게 멀쩡하냐. 절하면서 날샌다 해서 반은 죽어서 들어올 줄 알았는데 쌩쌩하네. 아픈 팔은 괜찮냐?"

엄마도 나에게 하신 첫 말씀이다. 정말 신기하게도 전혀 힘들거나 고단하지가 않았다. 오히려 정신이 더 맑아졌다. 감동과 환희가 있는 귀하고 보물 같은 체험이었다.

역경을 이겨내니 온 세상이 평화롭고 아름답다. 우스갯소리로 나는 해탈한 것 같았다. 어느 것에도 집착 따윈 없었다. 무릉도원이 이만할까.

나는 송광사 방장 스님께 '무위자'라는 불명을 받는 영광까지 누렸다.

'행복도 내 마음 안에 있고 불행도 내 마음 안에 있다.'는 부처님의 가르침이 내 등짝을 때린다.

비로소 천불 소리 마음에 들어와 앉았다.

화려한 식사

  초록의 숨소리를 들으며 살랑이는 마음 치켜들고 거리로 나섰다. 딸과 함께 저녁 식사를 하러 가는 길이다. 순천만의 맛집을 찾아가는 신작로 옆에는 알프스의 융프라우에나 있을 법한 예쁜 집들이 즐비했다.

  비단에 물감을 풀어놓은 듯, 노을빛에 빨려드는 착각이 들 정도로 황홀했다. 팬지, 금계국 등 시절을 잊은 코스모스까지 눈이 호사를 누리며 즐겁고 신났다. 노을빛에 잠긴 풍경은 발을 붙잡았다. 우리도 그렇게 석양을 향해 느릿느릿 물들어갔다. 설렘은 배고픔도 잊게 했다.

소문난 맛집답게 보기만 해도 입이 떡 벌어질 만큼 상다리가 휘어지게 차려졌다.

모든 음식이 리필되고 번호표를 받아서 대기할 만큼 큰 손의 맛집이었다.

식사가 끝날 무렵이었다. 평소에 불청객이라 여겼던 그가 오늘도 남의 밥상을 기웃거렸다.

거무튀튀한 피부는 굴뚝에서 방금 나온 것 같다. 강렬한 구릿빛 선글라스는 얼굴의 절반 이상을 가렸다. 입은 쭉 빼물고 이집트 파라오 상의 턱수염 같은 길고 강한 턱은 전사 같다. 솥뚜껑처럼 넓은 가슴에 배는 두루뭉술해 보였다.

쭉 뻗은 팔다리는 시커먼 털이 숭숭 올라와 강한 사내의 냄새를 물씬 풍겼다. 투구처럼 단단한 검정 모자를 쓰고 검은색 줄무늬 차림에 잠자리 날개 같은 망토를 걸친 그는 흡사 하늘을 나는 슈퍼맨 같았다.

소림사의 무사처럼 날렵하고 윤기가 흐르는 자태는

모든 이들의 주목을 받기에 충분했다.

 그런 그가 여기저기 휘 돌아서 우리 밥상에 멈춰 섰다. 함께 동석한 딸이 짜증 내며 그를 쫓았다. 그는 딸의 불쾌한 기색에 인정머리 없다는 듯 두말없이 자리를 떠났다.

 나는 잠자코 그 광경을 지켜보고 있었다. 이대로 가는 줄 알았던 그는 염치를 무릅쓰고 다시 돌아왔다. 그는 내 앞자리에 섰다. 딸이 이번에는 손을 들으려 하자 내가 저지했다.

 그는 불안해 보였다. 모든 이들에게 학대와 멸시를 받으며 살아온 그에게 나는 갑자기 측은지심이 생겼다. 그는 내치지 않은 내가 만만했던지 살금살금 다가와 눌러앉았다.

 그는 잠시 내 눈치를 살피더니 손을 깨끗이 닦았다. 신기하게도 내가 자신을 뿌리치지 않을 것이라 귀신같이 알아챈 것이다.

긴장 속에서도 평화로운 순간이었다. 나는 숟가락을 내려놓고 그에게 요기를 시켰다. 그리고 한걸음 물러나 앉아 느긋하게 기다렸다.

그는 힐끔힐끔 눈치를 보며 쫓기듯 음식을 먹었다. 괜찮다고, 내쫓지 않으니 염려 말라고 다독여도 보았다. 그러나 그는 경직된 채 서둘러 양손으로 허겁지겁 먹었다.

돈 주고 사 먹는 나보다 더 맛있게 먹는 그의 모습에 시선을 빼앗겼다.

남의 밥상을 늘 탐내는 뻔뻔한 그의 모습을 이렇게 오래 보는 일은 처음이다. 그도 사방에 적들이 많다 보니 한 곳에서 오래 머물지 않는 특성이 있다.

나는 웃음이 터지고 말았다. 일생 동안 그를 향했던 나의 적개심이 한순간에 무너졌다. 한참을 관찰한 그의 모습은 의외로 귀여운 구석까지 있었다. 수만 번은 마주쳤던 그와 만남이 처음으로 특별해진 순간이었다.

그의 식사시간은 그리 길지 않았다. 유들유들한 그는 맛있다는 표현을 온몸으로 보여주었다. 뒤뚱거리는 몸짓으로 고맙다는 인사를 애교로 보여주었다. 그리고 바람처럼 쌩하니 가버렸다.

그도 저녁을 배불리 먹었으니 행복한 잠을 청할 것이다.

세상에 하찮은 생명이란 없다. 병균을 옮기는 그들을 내쫓는 것이 당연할 수 있다. 하지만 그들의 세계에도 규칙이 있고 질서가 있다.

살아 숨 쉬는 존재를 재미 삼아 죽이는 것은 사냥꾼과 다를 바 없다. 가끔은 마음껏 식사하시라 넉넉한 마음을 갖게 된다.

나도 주린 배를 쓸어내리며 남의 밥상을 넘보고 마른 침을 삼키던 기억이 있다. 정신없이 음식을 먹는 그를 보니 그때의 나와 다를 게 없다.

먹던 밥상에서 분별심을 거두고 나니 마음이 이렇게 통쾌할 수가 없다. 그동안 왜 그토록 기를 쓰며 그를 내쳤을까. 꼭 그래야만 했었는지. 사소한 나눔이 행복했다.

민첩하고 넉살 좋은 그는 나보다 먼저 내 집에 와 있었다.

노을처럼 고운 살구에 올라앉아 손을 비비며 만찬을 즐기는 그의 식솔들.

화해

잠든 내 무릎에 올라앉아 누르고 있던 그놈.

칼날보다 더 섬뜩했다. 날름거리는 뱀의 혀보다 더 징그러웠다. 너무 끔찍하고 놀라서 오금이 저렸다.

어느 여름날이었다.

얼마나 잤을까. 다리에 뭔지 모를 무게감이 느껴져 눈을 떴다. 새까만 어둠 속에서 두 개의 레이저 광채와 눈이 마주쳤다. 그놈도 놀랐는지 번개같이 밖으로 뛰쳐나갔다. 나는 뭍에 내동댕이쳐진 물고기처럼 숨만 가쁘게

꺼억꺼억 몰아쉴 뿐이었다.

그리고 수년이 흘렀다.
과실이 맛있게 익어가는 어느 가을이었다.

엄마는 채반에 갈치를 널어 모기장을 씌우고 돼지우리 옥상에 올려놓았다. 파리 들어가는지 잘 살피라고 하신 뒤 외출했다.

놀다 깜빡 잊고 있던 당부가 생각나 옥상에 가보았다. 아기 주먹만 한 구멍이 뚫려있었다. '이상하다? 원래 이랬나?' 갸우뚱하며 구멍을 바늘로 꿰맸다. 얼마 지나서 다시 갔다. 똑같은 구멍이 나 있었다.

참으로 희한한 일도 다 있다고 생각하며 마루에 앉아서 눈을 떼지 않고 지켜보았다. 아무 일이 벌어지지 않았다. 왠지 미심쩍어 한참 뒤에 확인하러 갔다. 이번에도 역시 구멍이 났다.

매번 뙤약볕에 서서 구멍 난 모기장을 조각보처럼 짜

깁기했다. 그러다 보니 은근히 짜증 나고 누구의 소행인지 궁금했다. 멀찍감치 떨어져 망을 보았다. 뜻밖에도 우리 고양이 짓이었다.

옥상에 주렁주렁 매달린 포도송이에 가려서 보이지 않았던 것이다. 화가 나 분풀이라도 하듯 고양이를 잡아서 바닥에 떨어뜨렸다. 놀랍게도 가볍게 내려앉았다.

그리고 또다시 구멍을 뚫었다. 이번에는 목덜미를 잡고 만세 하듯이 두 팔을 높이 쳐들어 콘크리트 바닥에 내동댕이쳤다. 하지만 날갯짓이라도 하듯 사뿐히 내려앉는 모양새가 너무 얄미웠다.

나는 터지는 울화통을 삭이느라 씩씩댔다. 이번에는 천지분간 못하고 바닥에 엉덩이를 펑퍼짐하게 대고 앉았다. 내가 다가가도 여유롭게 야금야금 만찬을 즐기고 있었다. 괘씸하고 부아가 치밀었다.

앞다리와 뒷다리를 잡아서 힘과 감정을 실어 바닥에 패대기쳤다. 고양이는 그대로 쭉 뻗어 죽은 듯 가만히 있었다. 걱정되고 겁이 나서 이름을 부르며 얼른 흔들었다.

바람 빠진 공처럼 탄력도 없고 축 처졌다. 미안한 마음에 다급하게 이름을 부르며 쓰다듬는 순간이었다. 고양이는 머리를 삐딱하게 쳐들고 나를 날카롭게 노려보았다.

그러고는 아무 일도 없었다는 듯, 쏜살같이 꽃밭으로 몸을 감추었다. 날이 저물도록 부르면서 찾아도 고양이의 흔적은 보이지 않았다. 모기장도 멀쩡했다.

그래도 죽은 줄 알았던 고양이가 멀쩡해서 다행이라 생각했다. 놀라서 졸이던 마음도 해결되고 미안한 마음도 잊은 채 평화로운 밤이 꽤 깊었다.

얼마나 잤을까. 느닷없이 고양이 두 마리가 합세하여 송곳처럼 울어대며 내 방문을 박박 긁고 패악을 부렸다. 우리 고양이라는 것을 단박에 알았다. '고양이는 반드시 보복한다.'라는 이야기를 수없이 들었다.

그 공포와 두려움은 다시 생각해도 등골이 오싹하다. 내 방은 안채와 저만치 떨어져 있어 고양이가 길길이 날뛰어도 부모님이 알 길이 없다. 내가 비명을 질러도 들을 리 만무했다.

나는 방문을 단단히 걸어 잠갔다. 그래도 불안하여 문고리를 잡고 매달리며 고양이에게 용서를 빌었다.

"나비야 나비야. 내가 잘못했어 용서해줘."

그렇게 얼마나 빌고 또 빌었을까. 분풀이하고 나서야 직성이 풀린 건지, 내 진심이 통했는지는 알 수 없다. 고양이들의 날카로운 비명이 멈추고 순식간에 조용해졌다.

그래도 안심할 수 없어 한참 동안 문고리를 붙잡고 있었다. 나는 백 톤의 무게를 들어 올린 것처럼 기진맥진했다. 바들바들 떨던 몸은 쉽사리 진정이 되지 않았다. 움짝달싹을 할 수 없었다.

공포영화에서나 있을법한 일이 내게 현실로 벌어졌다. 고양이의 오기가 대단했다. 그 같은 공포는 아직 경험하지 못했다.

나는 모골이 송연하게 당한 이후로 고양이만 봐도 몸이 떨렸다.

그리고 수십 년이 흘렀다.

얼마 전 산중 고양이가 옥상에서 네 마리의 새끼를 낳았다. 스님께서 산실이 너무 취약하여 새끼를 아늑한 곳으로 옮겨놓으셨다.

그러나 어미는 그 환경이 낯설었나 보다. 새끼들을 물어다 제자리에 놓았다. 가여운 새끼들은 미처 눈을 떠 보지도 못하고 죽었다. 밤새 내린 차가운 비를 맞고 변을 당한 것이다.

어디에 장사를 지냈는지 알 길이 없다. 저리 울고만 다닌다. 어미가 고통을 견뎌내느라 데굴데굴 구르는 일 말고 무엇을 할 수 있을까.

나도 저처럼 젖을 물려 새끼를 키웠거늘.

새끼가 배고플 시간이 되면 빨리 젖을 먹이라고 젖몸

살을 한다. 하지만 어미는 젖을 물릴 새끼가 없다. 준비 없이 이루어진 이별에 어미의 처절한 절규와 통곡은 산사의 물소리를 따라 멀리멀리 퍼진다.

우왕좌왕 들락거리며 울부짖는 어미의 좌절에 산사에 그늘이 가득하다. 먹구름이 백운산을 뒤덮어 넘어간다. 누런 햇빛은 서늘하다. 고양이의 뚫린 가슴에 바람이 차갑다.

백일홍 가지 끝의 꽃잎들도 소리 내어 들썩인다.

고양이 앞에 쭈그려 앉았다.

과거의 공포 때문에 무섭고 징그러웠다. 선뜻 손이 떨어지지 않았다. 나는 용기 내어 화해의 악수를 청했다. 고양이는 선뜻 화해를 받아주었다.

이내 배를 바닥에 깔고 간자미처럼 납작 엎드렸다. 그러고는 내 발밑으로 파고들며 출렁이는 호흡을 하고 있다. 안타까운 마음에 탱탱하게 불어있는 젖을 마사지해주었다.

풍선에 공기가 가득 차면 터지듯, 젖을 먹일 시간이 지나면 젖이 차서 아픈 것이 산모의 고충이다. 어미와 새끼는 떼어서 따로 생각할 수 없다.

나에게서 위해를 느꼈다면 손길을 허락하지 않았을 것이다. 어미는 고맙게도 제 몸을 내주었다. 엄마에게 눈물로 하소연하는 딸 같았다.

나는 아픈 가슴을 쓰다듬고 보듬어 줄 뿐이었다. 고양이는 심한 아픔을 참아내듯 내 손가락을 자근자근 물었다 핥기를 반복했다. 입안은 타들어 가는지 까슬까슬하고 물기 하나 없었다.

발톱을 세웠다가 감추고 또 그러기를 되풀이했다. 신음 속에 고통을 가두어 견디고 있었다. 심장이 욱신거렸다. 야생의 모성이 인간의 모성과 다를 바 무엇이겠는가.

내가 결혼하여 새끼를 낳고 내 새끼가 그 당시 철없던 내 나이가 되어서야 때늦은 깨달음에 후회한다.

나는 고양이에게 혹독하게 곤혹을 치른 이후로 고양이를 혐오하고 경멸했다. 요물이라는 그릇된 편견으로 자신을 끔찍이 싫어하는 눈빛을 읽었나 보다.

고양이도 내게 곁을 주지 않았다. 서로가 관심 밖의 대상일 뿐이었다.

고양이는 자신을 학대하는 인간에게 앙갚음한다. 반면에 거두어 총애하는 사람에게는 보은을 한다. 사리가 분명하고 총명한 영물이다.

곡예사 같은 날렵한 기질과 민첩한 낙법은 고양이의 타고난 능력이다. 특성을 생각하지 못하고 고양이의 허물만 탓하며 모질게 내쳤다. 몽매했다고 치부하기에는 몹시 미안하고 부끄럽기 그지없다.

자신을 짐짝 던지듯 내려친 내 우악스러움에 여린 생명이 얼마나 아프고 고통스러웠을까.

그 이후로도 나비는 나에게 해코지할 기회가 충분히 있었음에도 그 정도에서 그쳤다. 그것은 용서였다. 어리석은 나는 이제야 깨달은 것이다.

밀어내고 던져버려도 티끌 같은 업장이 내 속에 남아 있었나 보다. 화해하고 보니 적멸보궁에 들어앉은 듯 고요하다.

고양이는 '세월이 약이다.'라는 속담을 알기나 할까? 새끼 잃은 아픔을 통해 인생을 배우고 몸으로 익혔다. 영민한 고양이는 아픔을 극복하고 앞으로 실수 없는 육아를 할 것이다.

새끼의 영혼들이 부처님의 미소로 산사에 내려앉았다.

바람도 구름도 멈추어 선 뜨락에, 잔잔한 풍경소리가 말 없는 법문 속에 깨우침의 향기로 퍼진다.

효자, 숙명의 릴레이

작열하는 여름의 태양도 주눅 들고 잠자리 높게 나는 조금 이른 가을이다.

정원 한편에 정갈하게 이발한 회양목이 푸르다.

꽃을 넘나들며 한가롭게 유희하는 벌, 나비도 평화롭다.

그러나 우리 가족들은 침통해 하고 있다. 친정아버지의 생신 차 가족들이 모인 자리다. 올 4월에 결혼한 친정 큰 조카가 넉 달 만에 신접살이를 접은 것이다. 효자로 불리던 그였기에 더욱 충격이 컸다.

효는 백행의 근본이다. 우리 집은 5대째 이어오는 효

자 집안이라는 자긍심이 대단하다. 그래서 더욱 가슴 아픈 일이다.

증조할아버지가 병석에 누워 회생 불가능한 때였다. 할아버지는 허벅지살을 떼어 국을 끓여 드렸다고 한다. 순간 나도 모르게 "고기를 사다 드리면 되지 왜 허벅지 살을 떼어내?"라고 소리 지르며 반문했다.

막내 고모의 대답은 충격적이고 어처구니없었다. "사람 고기를 먹으면 오래 산다는 속설이 있었어."

그러나 아들의 살을 도려내는 정성에도 불구하고 증조할아버지는 사흘을 버텨내지 못하셨다고 한다. 그 후 할아버지는 효자상을 받았다.

곰 발바닥만 한 흉터는 훈장으로 남았다. 시대상을 감안해 당시 존귀했던 훈장을 어찌 효자상에 비할 수 있으랴. '부모 사랑은 내리사랑이라고, 그래서 올라갈 수 없다'라고 누가 말했던가.

할아버지는 자식으로서 마땅히 도리를 했을 뿐이라고

말한다. 살을 도려내어 부모에게 드렸다는 말은 전설로만 존재하는 줄 알았다.

그러나 내 할아버지가 그랬다니, 나는 과연 그리할 수 있을까? 절대 못 할 것 같다. 자식된 입장은 같으나 상반된 생각을 한다. 가슴이 숙연해진다.

할아버지는 내가 태어나기 전에 돌아가시고 할머니는 큰댁에서 살았다. 효자라고 소문이 자자했던 아버지는 봉급을 타면 맨 먼저 가장 좋은 생선과 소고기를 사 들고 용돈을 봉투에 넣어 할머니께 갖다 드렸다.

아버지는 엄격하고 근엄해서 날 선 서릿발처럼 서늘하고 곧았다. 그래서 맹수보다 더 무서운 존재였다. 그럼에도 할머니 앞에서는 온순한 아들이었다.

큰오빠와 올케언니는 일가친척이나 이웃들이 인정하는 효자 효부다. 문중 어른들은 이들을 가리켜 젊은 사람들 본보기로 상을 주어야 한다고 말씀하시곤 했다.

우리 6남매가 우애가 돈독하고 웃음을 잃지 않는 것은 오빠와 올케언니의 몫이 크다. 부모·형제 앞에서 성내거나 낯 붉히는 일이 없다. 동기간 일이라면 물불 가리지 않고 몸이 부서져도 아끼지 않는다.

올케언니는 오빠 병수발도 어언 20년이다. 지아비만 바라보는 어여쁜 해바라기다. 요리 솜씨까지 뛰어나서 먹을거리도 걱정 없다.

우리 집안에서는 귀히 여기는 보물이다.

큰오빠는 심장이 좋지 않아 중환자실에 입원하기 일쑤였다. 6개월을 넘기지 못한다는 의사의 청천벽력 같은 선고를 받았다. 오빠는 기계에 의존한 채 시한부 인생을 살았다.

그렇게 3년을 동고동락하던 산소호흡기를 떼고 기적처럼 살아났다. 이번엔 파킨슨병이 왔다. 몸짓이 둔하고 기억력이 쇠퇴했다. 그럼에도 부모를 오빠 몸보다 금쪽같이 여기는 아들이다.

가정교육이라는 것이 어찌 말만으로 실현할 수 있겠

는가. 부모는 이래라저래라 이르지 않아도 된다. 효행과 예스러운 모습을 보여주기만 하면 된다.

  자식들은 어려서부터 부모를 따라 하던 버릇이 평생 간다. 그것이 인품을 형성하는 기틀이 되는 것이다.

  효자로 소문난 조카는 그런 오빠를 닮아 한결같이 부모를 지극히 챙긴다. 동생과도 어릴 적부터 형제애가 남달라서 남들의 부러움을 살 만큼 살갑게 지낸다.

  조카는 결혼 이야기가 오고 가면서 나와 의논을 많이 했다. 섣불리 판단하고 싶지 않았다. 일관성 없는 여자의 성격 탓에 고민도 많이 했다.

  우여곡절 끝에 조카는 그녀와 결혼했다. 그러나 그녀는 조카에게 고아인 셈 치고 둘만 살자며 싸움이 잦았다. 그녀의 친정은 친가와 결별하고 살아온 부모들이다.

  결국, 조카의 결혼생활은 넉 달 만에 종지부를 찍었다. 조카는 "참고 기다리며 맞추어 보려 했다."라고 무겁게 입을 열었다. 천륜을 저버리고 혈육과 등지고 살자는 그녀와 가정을 꾸려갈 수 없었다는 고백에 아무도 말을 덧붙일 수 없었다.

　오빠 내외는 서울에서 생활했다. 어린 시절 시골에서 자란 조카는 우리 가족의 총애를 한 몸에 받았다. 워낙 귀하게 여겼던 아이라서 마을 사람들이 함께 협동해서 키웠다. 그러다 보니 악동으로 자랐다.
　아버지의 손자라는 이유로 누가 감히 나무라지 못했다. 하지만 나는 막무가내 독불장군인 조카를 두고 볼 수 없었다. 아버지께 들킬까 봐 별채의 목욕탕 안에서 회초리를 들었다.
　그래서 조카는 나를 제일 무서워했다. 또 찬밥이 먹기 싫어 조카에게 먹이다가 엄마에게 들켜 호되게 혼나기도 했다.
　내 친구 앞에서 헤죽헤죽 웃으며 번죽거리는 조카가 창피해 동네 조카라고 핑계 댄 일도 있었다. 조카가 초등학교 입학으로 서울로 상경하기 전 6살까지의 일이다.

찬밥 사건 이후로 산천이 바뀌어 40년이 지난 지금까지도 오빠는 "정희 애들은 찬밥 따로 먹여. 정희는 찔리는 구석이 많을 것이다."라고 해서 한바탕 웃곤 한다.

놀라운 일은 이 사실들을 조카가 모두 기억하고 있다는 것이다. 그럼에도 고모에 대한 노여움이 전혀 없다고 말한다.

"고모 본심이 아니란 걸 아니까 서운하지 않아. 내가 바르게 자란 것도 고모 덕분이지."라며 껄껄껄 웃는다. 참 사려 깊은 조카다.

보너스 탈 때나 명절이면 용돈으로 10만 원을 보내온다. 뺑덕어멈 같던 고모는 간간이 수지맞는 행운을 얻는다. 조카는 깎아놓은 조각처럼 잘생겼는데 지금은 얼굴이 바람 빠진 풍선처럼 핼쑥하다. 수심이 얼마나 컸을지 짐작도 못 하겠다.

이제껏 사람 만들어 보겠다고 죽을힘을 다하면서 잠시나마 가족을 속였던 마음이 아프다고 말한다. "고모한테는 더 잘할게."라며 너털웃음으로 건재함을 보인다.

아픈 만큼 성숙해진다는데, 조카가 수월하고 평온한 삶을 살았으면 하는 바람이다. 남의 가정사에 옳고 그름을 쉽게 판단할 수 없다.

효의 기준도 많이 달라졌다. 그들은 반드시 헤어져야 했는지. "너희 둘만 잘 살면 우리 안 보고 살아도 된다."라며 이혼을 만류했던 부모에게 더 큰 불효는 아니었는지. 조카를 보면서 결혼은 둘만 사랑한다고 행복한 것은 아니라는 생각이 든다.

또한, 만인의 증인 앞에서 맹세한 약속을 지켜야 할 책임도 따르는 것이다. 몇 대에 걸쳐 이어온 효자라는 무거운 짐을 조금도 덜어낼 수 없었던 스스로가 이제는 후련할까.

조카의 판단이 현명했다고, 아니면 성급했다고 단정 지을 수 없다. 선택의 기로에서 누구보다 많은 고민을 했을 것이다.

그녀의 굴절된 마음을 허심탄회하게 의논했던 조카의 결혼을 찬성했던 내게도 책임이 있다.

조카의 파경이 나에게는 고문이다. "고모만 알고 있어."라던 조카의 당부가 이제야 풀렸다. 가족이라는 구성원이 끈끈한 친정이다.

화합과 조화로운 삶이란 어떤 삶일까. 화두로 남는다.

가족을 버릴 수 없었다는 조카를 꼬옥 보듬어주는 것으로 위로의 마음을 전할 뿐이다.

베테랑

부산했던 생명의 숨소리들도 끊겼다.

안개가 드문드문 앞을 가린다.

흐릿한 불빛만이 흔들리고 있었다.

늦은 밤 간신히 익산행 막차 직행버스를 탔다. 운 좋게도 가장 앞자리에 앉을 수 있었다. 긴장한데다 멀미가 심해서 눈을 감았다. 최면에 걸린 듯 금세 잠이 왔다.

버스 기사님이 갑자기 '이쁜 사모님'을 불렀다. 끈적끈적한 목소리는 목덜미에서 버터를 뒤집어쓰고 나오는 것처럼 느끼하고 거슬렸다.

이쁜 사모님은 대꾸하지 않았다. 그가 여러 번 반복해서 불렀지만 이쁜 사모님은 귀가 어두운지 꿈쩍도 하지 않았다.

결국, 그는 마이크로 이쁜 사모님을 다시 불렀다. 나는 약간 짜증이 났다. 잠을 자고 싶은데 방해가 되었다. 얼마나 이쁜 사모님이기에 대놓고 수작을 부리나 싶어 궁금하기도 했다. 한편으론 나 몰라라 하는 이쁜 사모님에게도 짜증이 났다.

한마디 쏘아붙이든지, 대답이라도 하든지, 따끔하게 충고라도 할 것이지. 속으로 구시렁댔다.

승객 중에 인상 험악한 사람이 시끄럽다며 악다구니라도 써주기를 바랐다. 그러나 어느 누구 하나 나서는 사람 없이 꿀 먹은 벙어리다.

급기야 그는 냉정한 목소리로 이쁜 사모님을 다시 불렀다. "이쁜 사모님, 안 자고 계신 줄 아니까 눈 좀 떠보세요." 그래도 이쁜 사모님은 망부석이다. 그러자,

"아따, 맨 앞에 계시는 이쁜 사모님, 안 자는 거 다 안 당께요. 맨 앞에서 자믄 내가 더 졸링게 저랑 얘기하고 가장게요?"

그가 그렇게 불러대던 이쁜 사모님은 바로 나였다. 그가 끈적이는 목소리로 이쁜 사모님을 애타게 부른 이유는 간단했다. 나의 관심을 끌기 위해 미국 가수 엘비스 프레슬리의 목소리를 흉내 냈던 것이다. 깜짝 놀라서 정신이 번쩍 들었다.

나는 룸미러와 눈이 마주쳤다. 어둠 속에서 빛바랜 코스모스가 헤벌쭉 웃고 있었다. 서리 맞은 듯 희끗희끗한 머리카락에 막걸리처럼 탁하고 걸쭉한 모습이다. 나는 오해가 풀리고 잠에서 깼다.

창밖은 치마로 하늘을 덮은 듯 별 하나 보이지 않았다. 한 치 앞도 볼 수 없이 깜깜했다. 놀랍게도 그의 눈에는 적외선 카메라를 달은 듯, 여기는 어디고, 저 건너에는 뭐가 있고…….

내가 듣거나 말거나, 그는 인간 내비게이션이다. 동굴 같은 시간과 사투를 벌이고 있는 그에게 측은지심이 생겼다.

제대로 이쁜 사모님이 되고자 마음먹고 도란도란 이야기를 나누며 그에게 힘을 보탰다. 버스 안은 코 고는 소리로 불협화음을 이루었다.

그는 어둠을 가르며 힘차게 달렸다. 적막강산에 그가 느닷없이 큰 소리로 노래를 불렀다. 나는 놀라서 뒤돌아보며 승객들의 동태를 살폈다. 그러나 아무도 그의 노래를 제지하지 않았다.

모두 잠들었다. 나는 노래를 부르다 말겠지 했다. 맛깔스러운 목소리가 아니었기 때문이다. 그는 오히려 트로트 메들리를 부르며 신명났다.

그가 마음껏 노래를 부를 수 있도록 그저 가만히 있어주는 이쁜 아저씨, 이쁜 사모님, 이쁜 아들, 이쁜 딸들이 마냥 고마웠다.

승객들이 뒷자리로 몰린 이유도 알았다. 막차 승객들

은 그의 단골손님이었다. 노래가 낯설지 않은 풍경이었던 것이다.

졸음과 싸우는 그의 고충을 헤아리고 품어주는 그들의 따스한 훈김에 나는 가슴이 뜨거웠다.

"이쁜 사모님, 내 소망은 벨거 읍당게요? 이렇게 늦은 시간에 손님 다 내려드리고 뜨끈한 국밥 한 그릇 먹는 것이요. 그것이면 다 해결된당게요?"
"네에, 오늘 기사님의 멋들어진 콘서트 너무 훌륭했습니다. 주인공 코앞에서 공연 관람은 처음이에요. 고맙습니다. 관람료가 너무 싸서 이래도 될는지 모르겠네요. 국밥 잡수시고 오늘도 소망 이루세요. 건강하세요~"

국밥 한 그릇 오천 원, 막걸리 한 사발에 행복을 얹어서 만 원을 드렸다.

어둠은 까마득하고 멀기만 했다. 그 속에서 두어 시간을 참아내야 하는 무료함도 잊은 채 즐거운 마음으로 금세 익산에 도착했다. 그가 쉴 새 없이 말하는 것도 이러한 심정으로 자신에게 주문을 거는 지혜일 것이다.

그는 승객들을 보듬는 묵직한 서낭나무로서 그들을 지키고 있다. 승객들은 서낭나무에 기대어 평화와 안녕을 염원하고 있었다.

운전이라는 것은 찰나에 재앙으로 닥칠 수 있는 흉기다. 그는 수십 년의 경험으로 능숙하게 위기를 극복하는 노련한 베테랑이다.

고단하고 지친 생활도 즐거움으로 승화시키는 화사한 코스모스. 그의 유쾌한 삶이 늘 풍요롭고 행복하기를 두 손 모은다.

오늘도 무사히 마무리 짓는 하루를 고맙게 여기는 기사님.

따순 국밥으로 행복을 열고,

행복을 전달하는 베테랑의 노래 버스가 끊임없이 달리기를 기원한다.